THE WEAPONS ENCYCLOPÆDIA
TANK AIRCRAFT AFV SHIP ARTILLERY VEHICLES SECRET WEAPON

TWE-022 ITA

CARRI UNGHERESI ZRÍNYI E CSABA

THE WEAPONS ENCYCLOPAEDIA

STAFF
Luca Stefano Cristini, Paolo Crippa.

REDAZIONE ACCADEMICA
Enrico Acerbi, Massimiliano Afiero, Aldo Antonicelli, Ruggero Calò, Luigi Carretta, Flavio Chistè, Anna Cristini, Carlo Cucut, Salvo Fagone, Enrico Finazzer, Arturo Giusti, Björn Huber, Andrea Lombardi, Aymeric Lopez, Marco Lucchetti, Gabriele Malavoglia, Luigi Manes, Giovanni Maressi, Francesco Mattesini, Péter Mujzer, Federico Peirani, Alberto Peruffo, Maurizio Raggi, Andrea Alberto Tallillo, Antonio Tallillo, Massimo Zorza.

PUBLISHED BY
Luca Cristini Editore (Soldiershop), via Orio, 33/D - 24050 Zanica (BG) ITALY.

DISTRIBUTION BY
Soldiershop - www.soldiershop.com, Amazon, Ingram Spark, Berliner Zinnfigurem (D), LaFeltrinelli, Mondadori, Libera Editorial (Spain), Google book (eBook), Kobo, (eBoook), Apple Book (eBook).

PUBLISHING'S NOTES
None of unpublished images or text of our book may be reproduced in any format without the expressed written permission of Luca Cristini Editore (already Soldiershop.com) when not indicate as marked with license creative commons 3.0 or 4.0. Luca Cristini Editore has made every reasonable effort to locate, contact and acknowledge rights holders and to correctly apply terms and conditions to Content. Every effort has been made to trace the copyright of all the photographs. If there are unintentional omissions, please contact the publisher in writing at: info@soldiershop.com, who will correct all subsequent editions.

LICENSES COMMONS
This book may utilize part of material marked with license creative commons 3.0 or 4.0 (CC BY 4.0), (CC BY-ND 4.0), (CC BY-SA 4.0) or (CC0 1.0). We give appropriate attribution credit and indicate if change were made in the acknowledgments field. Our WTW books series utilize only fonts licensed under the SIL Open Font License or other free use license.

CONTRIBUTORS OF THIS VOLUME & ACKNOWLEDGEMENTS
Ringraziamo i principali collaboratori di questo numero: I profili dei carri sono tutti dell'autore. Le colorazioni delle foto sono di Anna Cristini. Ringraziamenti particolari a istituzioni nazionali e/o private quali: Stato Maggiore dell'esercito, Archivio di Stato, Bundesarchiv, Nara, Library of Congress ecc. A P.Crippa, A.Lopez, L.Manes, C.Cucut, archivi Tallillo. Model Victoria (www.modelvictoria.it), per avere messo a disposizione immagini o altro dei loro archivi. Wikipedia CC1 by Bukoved.

For a complete list of Soldiershop titles, or for every information please contact us on our website: www.soldiershop.com or www.cristinieditore.com. E-mail: info@soldiershop.com. Keep up to date on Facebook & Twitter: https://www.facebook.com/soldiershop.publishing

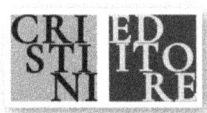

Titolo: **BLINDATI UNGHERESI ZRÍNYI E CSABA** Code.: **TWE-022 IT**
di Péter Mujzer
ISBN code: 9791255890836 Prima edizione marzo 2024.
THE WEAPONS ENCYCLOPAEDIA (SOLDIERSHOP) is a trademark of Luca Cristini Editore

THE WEAPONS ENCYCLOPÆDIA
TANK AIRCRAFT AFV SHIP ARTILLERY VEHICLES SECRET WEAPON

BLINDATI UNGHERESI ZRÍNYI E CSABA

PÉTER MUJZER

BOOK SERIES FOR MODELERS & COLLECTORS

INDICE

Introduzione .... pag. 5

Veicoli d'artiglieria d'assalto Zrínyi .... pag. 5

    - Sviluppo e design .... pag. 6

    - Caratteristiche tecniche .... pag. 6

    - Scheda tecnica .... pag. 17

    - Produzione .... pag. 19

    Storia operativa .... pag. 23

    - Ramo dell'artiglieria d'assalto .... pag. 23

    - 1° Battaglione di artiglieria d'assalto .... pag. 29

    - 10° Battaglione di artiglieria d'assalto .... pag. 30

    - Gli obici d'assalto Zrínyi durante l'assedio di Budapest 1944-1945 ...... pag. 30

Autoblindo 39 M. Csaba .... pag. 31

    - Sviluppo e design .... pag. 31

    - Caratteristiche tecniche .... pag. 37

    - Autoblindo 40 M. Csaba di comando/segnalazione .... pag. 38

Mimetiche e segni distintivi .... pag. 43

    - Insegne militari nazionali .... pag. 43

    - Insegne dell'unità .... pag. 43

    - Targhe .... pag. 43

    - Numerazioni tattiche .... pag. 44

Versioni del veicolo .... pag. 47

    - Scheda tecnica .... pag. 48

    - Produzione .... pag. 49

Bibliografia .... pag. 58

INTRODUZIONE

L'esercito ungherese si impegnò seriamente per costruire le sue forze corazzate/meccanizzate durante la Seconda Guerra Mondiale. Tuttavia, si trattava di un compito difficile. L'Ungheria era sottoposta alle restrizioni militari del Trattato di Pace; il Paese e l'industria degli armamenti erano in cattive condizioni finanziarie all'inizio degli anni '30. L'Ungheria acquistò i carri armati italiani CV35 a metà degli anni '30 e la produzione su licenza del carro armato leggero svedese L-60 iniziò nel 1940. La guerra in corso dimostrò la necessità di carri armati medi e pesanti, di artiglieria d'assalto e di autoblindo. Tra i veicoli corazzati stranieri c'erano i veicoli d'artiglieria d'assalto Zrínyi e le autoblindo Csaba.

VEICOLI D'ARTIGLIERIA D'ASSALTO ZRÍNYI

L'obice d'assalto 40/43 M. Zrínyi era un'arma veramente di ripiego, che assomigliava ai semoventi italiani Semovente. Il progetto utilizzava il telaio già obsoleto del carro armato Turán, con il complicato sistema di rotolamento e l'unico obice da campo leggero da 105 mm disponibile, da costruire nello scafo allargato del veicolo. La versione semovente con cannone anticarro da 75 mm dello Zrínyi non si concretizzò a causa delle difficoltà del cannone.

Le lezioni apprese dalla guerra in corso dimostrarono il valore di combattimento dell'artiglieria semovente/da assalto già nel 1941. Le truppe ungheresi desideravano l'artiglieria semovente, i veicoli anticarro e antiaerei già nel 1940. Il Ministero della Difesa ungherese raccomandò l'organizzazione dell'artiglieria semovente nel 1942. Alla fine del 1943, l'organizzazione delle due divisioni corazzate ungheresi fu completata. Il passo successivo fu quello di organizzare ed equipaggiare l'artiglieria d'assalto. Le linee guida teoriche, la metodologia e la pratica erano state apprese dai tedeschi. Il Comando dell'esercito ungherese voleva acquistare i cannoni d'assalto tedeschi, ma la Germania ha bloccato la vendita dei suoi cannoni d'assalto collaudati o il loro diritto di produzione dal 1942.

▲ Foto originale a colori di un obice d'assalto 40/43M. Zrínyi dipinto in mimetica tricolore. (Bonhardt)

SVILUPPO E DESIGN

I vertici militari ungheresi hanno quindi incaricato la fabbrica Weiss Manfred (WM) di progettare e produrre un nuovo veicolo d'artiglieria semovente. I rappresentanti del Ministero della Difesa e della WM concordarono che il nuovo veicolo d'artiglieria d'assalto sarebbe stato costruito sulle parti principali già disponibili del carro armato Turán già in produzione e sull'obice da 40 M. 105 mm e sul cannone anticarro a canna lunga da 43 M. 75 mm disponibili. Sulla base delle discussioni, i progetti finali furono preparati da Ernő Kovácsházy, un ingegnere meccanico (ingegnere capo della divisione carri armati di WM). Secondo fonti non confermate, gli esperti ungheresi visitarono l'Italia da qualche parte nel 1941-42, dove fu loro mostrata la fabbrica in cui venivano prodotti i cannoni d'assalto Semovente per l'esercito italiano. Il cannone semovente italiano fu progettato sulla base del carro armato medio italiano M13/40 nel 1941. Non ci sono prove certe che gli ungheresi siano stati influenzati dai loro colleghi italiani. Possiamo almeno dire che il concetto di progetto italiano e ungherese era molto simile.

CARATTERISTICHE TECNICHE

Scafo e torretta

La torretta del carro armato Turán fu rimossa; il telaio fu allargato a 40 cm di larghezza, per installare e gestire il cannone. Il pannello frontale inferiore chiudeva lo scafo, che era anche dotato di 1-1 ganci di traino. I parafanghi erano montati sopra il telaio, che scivolava all'indietro di 3°. I fari sono posizionati sul bordo del parafango. L'estintore era posizionato dietro il faro sinistro e sul lato destro era fissato l'altoparlante del clacson. All'interno dei parafanghi anteriori c'erano altri attrezzi; sul lato sinistro c'era un tagliafili, sul lato destro un attrezzo speciale per la sostituzione della carreggiata e un martello per la chiusura dei bulloni. Davanti ai fari sono stati fissati 2-2 blocchi di legno spessi per il sollevamento. Lo scafo corazzato era unito alla sovrastruttura, le cui pareti laterali erano inclinate di 80 gradi verso l'interno. Alla

▲ Il carro armato pesante 41 M. Turán era il più pesante carro armato ungherese prodotto durante la guerra, ma era inefficace con il suo cannone a canna corta da 75 mm; il progetto Zrínyi mirava a fornire un'arma più pesante contro i carri armati medio-pesanti sovietici. (Fortepan, Lissak)

40/43M. ZRÍNYI - UNGHERIA 1944

▲ L'obice d'assalto 40/43M. Zrínyi apparteneva alla 3ª Batteria del 1° Battaglione di Artiglieria d'Assalto, nell'aprile del 1944, durante lo schieramento in Galizia. Lo Zrínyi aveva un numero tattico a due cifre e le insegne militari dipinte sul lato del veicolo.

▲▼ L'obice d'assalto 40/43M. Zrínyi utilizzava la canna dell'obice da campo leggero 40M., sparando munizioni divise che riducevano la cadenza di fuoco anche dell'obice d'assalto Zrínyi. I tipici bossoli corti e vuoti possono essere visti intorno all'obice d'assalto durante l'esercitazione di tiro (Bonhardt).

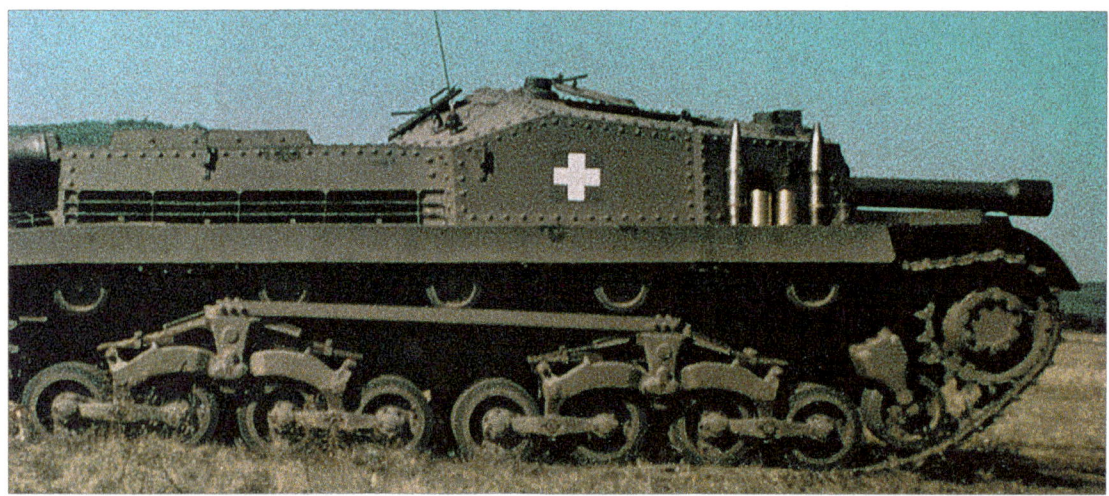

sovrastruttura erano fissati altri attrezzi manuali: a sinistra, una pala da campo, un martello, un piccone e un grosso martello per spargere il fango, a destra un cavo di traino in acciaio. Nella parte inferiore del vano motore è presente una griglia antiproiettile che può essere bloccata dall'interno con feritoie a 4-4 ante. Sul pannello anteriore inclinato si trova una finestra di montaggio circolare per la manutenzione e due cinghie di ferro che bloccano le parti di ricambio del binario. Il pannello di osservazione del conducente si trova sulla piastra corazzata frontale, a destra del cannone. Questo era diverso anche sul veicolo campione in ferro, sui primi tre veicoli della serie e sugli altri veicoli prodotti in serie. Il veicolo prototipo in ferro H-801 era dotato di un'apertura di osservazione a forma circolare per il conducente e il livello del cannone. I primi tre Zrínyi II (3H-000-3H-002) della serie erano dotati del pannello di osservazione del conducente del carro armato 41M Turán. Negli altri veicoli della serie, questa piastra di forma circolare davanti allo strato dei cannoni fu completamente eliminata e il conducente ricevette il nuovo pannello di osservazione del conducente del 43M, più alto di 10 cm. Il già collaudato periscopio girevole del 43 M. è stato installato sugli scivoli e sui portelli del tetto, mentre sul lato inferiore del veicolo è stato costruito un portello di fuga. L'allargamento del corpo ha migliorato la manovrabilità del veicolo.

Armamento

Al centro della piastra corazzata frontale, spostata di 150 mm dall'asse longitudinale verso sinistra, era montata una sfera di bloccaggio incernierata per muovere il cannone, formalmente nota come sfera corazzata. Questa era protetta dallo scudo del cannone attaccato al pannello anteriore. L'armamento dello Zrínyi era costituito da un obice da 105 mm da 40 mm o da un cannone anticarro a canna lunga da 75 mm da 43 mm. La dotazione di munizioni per la versione 40/43 M. era di 52 colpi per veicolo. Secondo le esperienze sul campo di battaglia, l'equipaggio poteva imbarcare più di 30 colpi a scapito dell'equipaggiamento individuale. La dotazione di munizioni consisteva in 38/33M a frammentazione HE, 42M HEAT e 38/33M fumogeni. L'obice d'assalto sparava munizioni a caricamento separato in bossolo, rendendo la cadenza di fuoco più lenta, solo 5-6 colpi al minuto. Lo sparo del cannone poteva avvenire con aria compressa o meccanicamente. L'angolo di corsa verticale era di -5° - + 25° in verticale, 11°-11° in orizzontale. Lo Zrínyit era stato progettato con un dispositivo di puntamento progettato per sparare a vista diretta e condivisa. Quest'ultima non era mai stata utilizzata in combattimento. Una mitragliatrice leggera da 8 mm 31 M. fu aggiunta per la protezione ravvicinata, ma alla fine fu esclusa dall'armamento. L'equipaggio era armato con mitragliatrici ungheresi da 9 mm, pistole da 9 mm e bombe a mano per l'autoprotezione.

Equipaggio

Quattro uomini (il comandante, l'addetto ai cannoni, l'operatore radio-caricatore e il pilota) indossavano l'elmetto 39 M di tipo italiano con cuffia ben isolata e la tuta da meccanico del veicolo. Il comandante dirigeva l'armamento principale del veicolo (obice) con comandi dall'interfono o a causa del rumore del combattimento con segnali convenzionali o con il clacson. Inoltre, il responsabile dell'armamento poteva segnalare all'autista, con segnali a luce verde e rossa, di regolare la direzione di massima dell'arma.

Radio

Nel veicolo era installata una radio di tipo R5/a con antenna.

▲ Equipaggio di artiglieria d'assalto riunito intorno al proprio obice d'assalto 40/43M. Zrínyi, con indosso la tuta da meccanico, presso l'Hajmasker Assault Artillery Training Cadre nel 1944. Il veicolo ha le insegne militari in stile tardo. Foto piccola: foto originale a colori di un 40/43M. Zrínyi dipinto in mimetica tricolore. (Bonhardt)

40/43M. ZRÍNYI - UNGHERIA 1943

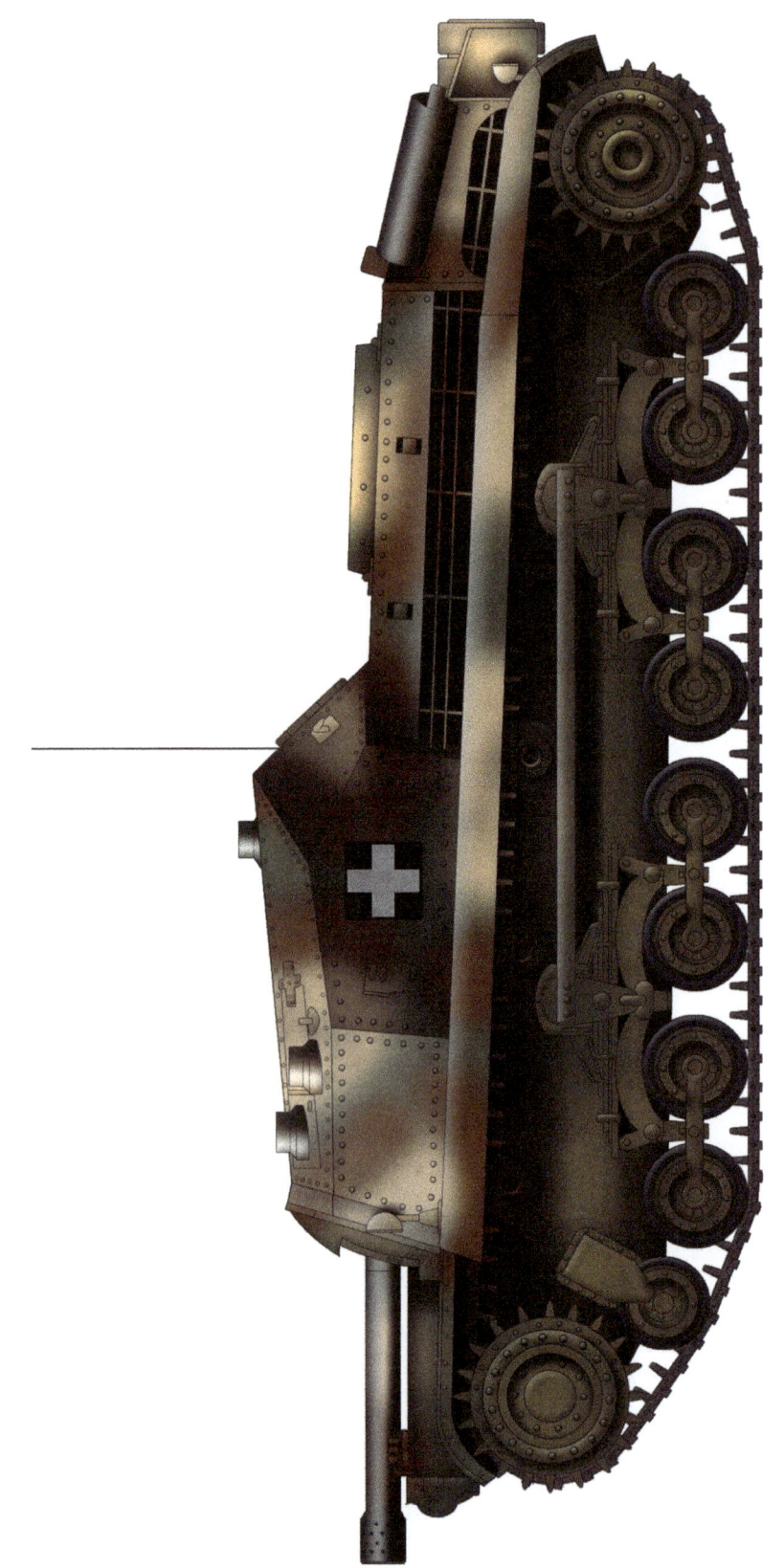

▲ Obice d'assalto 40/43M. Zrínyi con mimetizzazione a tre toni (marrone scuro, verde oliva, giallo sabbia) con le insegne militari in stile tardo, croce bianca in un quadrato nero.

Armatura

Il cannone è posizionato dietro la piastra di corazzatura frontale, spessa 75 mm. Il vano di combattimento era una spaziosa scatola con ampie piastre corazzate poligonali inclinate (25-13 mm). Lo scafo era realizzato in versione rivettata e imbullonata come la famiglia Turán, il che rendeva l'equipaggio vulnerabile in caso di colpo diretto sullo scafo. Per migliorare la protezione degli obici d'assalto, su entrambi i lati dei veicoli furono applicate piastre perforate di tipo tedesco, mentre la corazza frontale fu rinforzata con cingoli di ricambio.

Motore

Il motore a benzina Turán a 8 cilindri, a 4 tempi, raffreddato ad acqua, da 260 cavalli, era in grado di spostare il veicolo da 21,6 tonnellate (con le piastre di protezione) a una velocità massima di 43 km/h. La capacità del serbatoio del carburante raggiungeva i 445 litri, per cui l'autonomia del veicolo - su strada - aumentava a 280 km. Lo Zrínyi aveva il cambio del carro armato Túrán, con aria compressa, sei marce avanti e sei retromarce, e dotato di freni al volante. La guida del veicolo era semplice: il conducente tirava la leva nel senso di rotazione rompendo la catena laterale. Quando la leva era completamente tirata, lo Zrínyi poteva girare sul posto. Il veicolo è stato in grado di muoversi lungo una pendenza di 45° su un buon terreno con una buona stabilità laterale. Lo spazio di frenata era di 200-250 m.

▲ Artiglieri d'assalto con il loro obice d'assalto 40/43M. Zrínyi di prima produzione con l'alloggiamento per il pilota in stile Turán, presso il cortile del Cadre di addestramento dell'artiglieria d'assalto a Hajmasker nell'estate del 1944. (Deák Tamás)

▶ Foto a colori di un 40/43M. Zrínyi con piastra di protezione e cingoli aggiunti allo scafo. L'insegna militare con croce bianca di grandi dimensioni è dipinta anche sulla piastra del gonnellino. (Deák Tamás)

40/43M. ZRÍNYI - UNGHERIA 1944

▲ Obice d'assalto 40/43M. Zrínyi della 1ª Batteria del 1° Battaglione di Artiglieria d'Assalto, il veicolo in gonnellino dipinto di verde oliva scuro, con un grande numero tattico e una grande croce militare bianca.

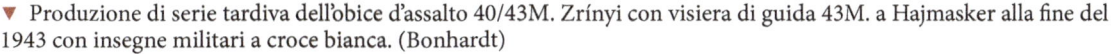

▲ Zrínyi della 2ª Batteria d'artiglieria d'assalto del 1° Battaglione in ritirata; il rifornimento era difficile, i veicoli trasportavano un fusto di carburante di riserva, dietro l'obice d'assalto è visibile un camion 38M. Botond. (Bonhardt)

▼ Produzione di serie tardiva dell'obice d'assalto 40/43M. Zrínyi con visiera di guida 43M. a Hajmasker alla fine del 1943 con insegne militari a croce bianca. (Bonhardt)

40/43M. ZRÍNYI - UNGHERIA 1944

▲ L'obice d'assalto 40/43M. Zrínyi appartenente alla 3ª Batteria del 1° Battaglione cannoni d'assalto, in Galizia, nell'estate del 1944. Lo Zrínyi ha la mimetica a tre toni, numero tattico bianco, senza insegne militari. La protezione degli obici d'assalto fu migliorata in prima linea con gonne perforate.

Sospensioni

La configurazione dei carrelli dello Zrínyi era identica a quella dei carri armati Turán. La sospensione consisteva in due carrelli collegati da una lunga barra su ciascun lato del veicolo. Ogni carrello utilizzava una molla a balestra composta da 15 fogli, che sosteneva due bracci di rotazione, ognuno dei quali sosteneva un mezzo carrello. Ogni mezzo carrello era dotato di due coppie di ruote stradali con bordo in gomma, per un totale di 16 ruote stradali individuali su ciascun lato del veicolo. Lo Zrínyi aveva anche una coppia di ruote aggiuntive, di dimensioni simili a quelle stradali, sollevate da terra davanti all'unità di sospensione principale. Queste ruote avevano un rivestimento in alluminio anziché in gomma. Queste ruote aggiuntive venivano utilizzate per tendere i cingoli e affrontare ostacoli ripidi o verticali. Sopra e davanti a queste ruote si trovava la ruota dentata di trazione. La maggior parte dei veicoli utilizzava come ruota dentata di trazione una ruota piuttosto che un pignone, ma i denti del pignone potevano aiutare a mantenere i battistrada sui carrelli. Dietro la ruota dentata di trazione, in linea con essa, c'erano cinque rulli di ritorno. Dietro il quinto rullo e immediatamente davanti alla ruota motrice, c'era una specie di piccola paletta che impediva al fango di accumularsi sulla ruota motrice. L'intero sistema di rotolamento consisteva in 106 o 107 maglie singole per sostenere il serbatoio. Ogni maglia era larga 42 cm e applicava una pressione di circa 0,59 kg per centimetro quadrato sul terreno.

▲ Ponti di legno crollati sotto il peso del 40/43M. Zrínyi, durante la ritirata nei Carpazi, le taniche e i fusti di carburante fissati al ponte dei veicoli. (ECPA).

▶ Foto a colori di un obice d'assalto 40/43M. Zrínyi dipinto in mimetica verde oliva scuro. (Deák Tamás)

▲ Bambini in posa su un obice d'assalto 40/43M. Zrínyi a Kelenföld/Buda dopo l'assedio di Budapest nell'estate del 1945. (Bonhardt). Foto in alto: Un 40/43M. Zrínyi trasportato su rotaia; si noti anche la presenza di un carro armato tedesco Tiger.

SCHEDA TECNICA

Varianti principali: obice d'assalto 40/43 M. Zrínyi
Peso: 21,50 - 22,5 tonnellate con le piastre della gonna
Equipaggio: 4 membri (comandante, artigliere di livello, caricatore-radio operatore, autista)
Armatura: Anteriore - 75 mm, laterale - 15 mm, posteriore - 13 mm
Armamento principale: un 40. M 105 mm L/20, gittata: 10.500 m, cadenza di fuoco: 6 colpi/minuto
Armamento secondario: non disponibile
Motore: V8 Weiss Manfréd, 14866 centimetri cubici, 8 cilindri, motore da 260 CV
Velocità massima su strada: 43 km/h, con le targhette 40 km/h
Autonomia: 220 km su strada

Varianti principali: cannone d'assalto 44 M. Zrínyi
eso: 22 tonnellate
Equipaggio: 4 membri (comandante, strato di cannoni, caricatore-radio operatore, autista)
Armatura: Anteriore - 75 mm, laterale - 15 mm, posteriore - 13 mm
Armamento principale: un cannone 43. M 75 mm L55, cadenza di fuoco: 12 colpi/minuto
Armamento secondario: non
Motore: V8 Weiss Manfréd, 14866 centimetri cubici, 8 cilindri, motore da 260 CV
Velocità massima su strada: 43 km/h, con le targhette 40 km/h
Autonomia: 220 km

Ulteriori sviluppi
L'HTI (Istituto di Tecnologia Militare dell'Esercito Ungherese) cercò di rafforzare la potenza di fuoco degli obici d'assalto Zrínyi utilizzando i lanciarazzi tedeschi Nebelwerfer tra la fine del 1943 e l'inizio del 1944. Il lanciarazzi Nebelwerfer originale aveva sei tubi lanciarazzi da 15 cm già utilizzati dall'esercito ungherese, era diviso in due pacchetti di tre tubi lanciarazzi ed era attaccato a ciascun lato posteriore dello scafo. Il concetto era quello di utilizzare il fuoco dei razzi per annientare la posizione anticarro del nemico in tempo prima che gli Zrínyis raggiungessero la zona di morte del cannone anticarro. La portata pratica dei razzi era di circa 2000-7000 metri. In teoria, un lancio di sei razzi Nebelwerfer da 15 cm poteva distruggere un'intera batteria anticarro colpendo la posizione identificata del nemico.

▲ Alcuni allievi dell'artiglieria d'assalto del 40/43M. Zrínyi in posa per le foto davanti ai loro veicoli.

40/43M. ZRÍNYI - UNGHERIA 1944

▲ Obice d'assalto 40/43M. Zrínyi appartenente al 10° Battaglione di artiglieria d'assalto, settembre 1944, Transilvania.

SCHEDA TECNICA		
	40/43 M. Zrínyi pbice d'assalto	**44 M. Zrínyi cannone**
Lunghezza	5900 mm con l'obice	7350 mm con il cannone
Larghezza	2890 mm	2890 mm
Altezza	1900 mm	1900 mm
Altezza minima dello scafo dal suolo		
Peso in ordine di combattimento	21,5-22,5 tonnellate (con piastre di protezione)	
Equipaggio	4	4
Motore	Motore a benzina Weiss Manfréd V8, 8 cilindri, 260 CV	
Velocità massima	43 km/h	43 km/h
Autonomia	220 km	220 km
Capacità del serbatoio	445 litres	445 litres
Spessore dell'armatura	75-13 mm	75-13 mm
Armamento	1x105mm 40/43 M. obice	1x75mm 43 M. cannone

■ **PRODUZIONE**

Il Ministero della Difesa ordinò 40 obici d'assalto nel gennaio 1943. In seguito furono aggiunti all'ordine altri 50 obici d'assalto. La capacità di combattimento del Turán non poteva essere migliorata, quindi si pensò di produrre in serie gli obici d'assalto. Per combattere il carro armato sovietico T-34, si decise di produrre un cannone d'assalto con un cannone da 75 mm sullo stesso telaio, denominato cannone d'assalto Zrínyi I. Il primo battaglione di cannoni d'assalto fu costituito ed equipaggiato con 34 Zrínyi nel marzo del 1944, ma la produzione del 40/43 M. Zrínyi II fu lenta. Il prototipo dello Zrínyi I fu terminato nel febbraio 1944, ma il cannone a canna lunga presentava alcuni problemi che non fu possibile risolvere. Solo il prototipo del cannone d'assalto fu terminato.

▲ Foto a colori di un obice d'assalto 40/43M. Zrínyi su un percorso a ostacoli a Hajmasker. (Deák Tamás)

40/43M. ZRÍNYI - UNGHERIA 1944

▲ Obice d'assalto 40/43M. Zrínyi appartenente alla 2ª batteria del 1° battaglione di artiglieria d'assalto, estate 1944, Galizia.

▲ La produzione di massa dei veicoli Turán e Zrínyi terminò a causa dei raid aerei alleati del 27 luglio 1944. Le parti e i componenti recuperati furono utilizzati per costruire altri veicoli. (Bonhardt)

▼ L'ultimo aggiornamento del cannone d'assalto Zrínyi I fu l'aggiunta di tubi lanciarazzi da 150 mm attaccati a entrambi i lati dello scafo. (Bonhardt)

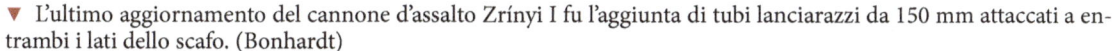

▲ Obice d'assalto 40/43M. Zrínyi del 1° Battaglione di artiglieria d'assalto catturato dall'esercito sovietico nell'estate del 1944. L'obice d'assalto portava un'insegna personale, il nome di "IRENKE" dipinto sull'apparato visiera del conducente. Questo veicolo è attualmente esposto nel Museo dei carri armati di Kubinka. (Sarhidai)

▲ Punto di raccolta dei trofei di guerra a Budapest nella primavera del 1945, si possono vedere i veicoli blindati Turán, Zrínyi, M15 italiani, Grille, Pz.111 e Matilda con i numeri dell'Unità sovietica di raccolta dei trofei di guerra dipinti sui veicoli.

STORIA OPERATIVA

RAMO DELL'ARTIGLIERIA D'ASSALTO

Nel dicembre 1942, due ufficiali ungheresi si recarono a Jütebog (vicino a Berlino) per un ulteriore addestramento nella scuola di artiglieria d'assalto. Uno dei due era il capitano József Barankay. Allo stesso tempo, gruppi di 40 ufficiali ungheresi ricevettero una riqualificazione dell'artiglieria tedesca. La prima unità di artiglieria d'assalto iniziò a formarsi il 1° marzo 1943. Il 3 luglio 1943 iniziò il primo corso di formazione per ufficiali di artiglieria d'assalto. Da un numero elevato di volontari, solo gli ufficiali più distinti furono selezionati dal capitano Barankay. Il 17 maggio 1944 il Ministro della Difesa aveva adattato il comando del campo di addestramento dell'artiglieria d'assalto a Hajmáskér. L'autorità del comando comprendeva l'addestramento integrato delle unità di artiglieria d'assalto, la leadership, l'addestramento degli ufficiali di riserva, le esercitazioni in cooperazione, l'artiglieria, l'organizzazione e le raccomandazioni per la modernizzazione. Il Maggiore Generale Ernő Billnitzer, un ufficiale di artiglieria da campo, era diventato il capo della nuova sezione di artiglieria fino alla fine della guerra. Aveva sotto il suo comando otto battaglioni di artiglieria d'assalto, unità di addestramento e di sostituzione. Il 1° agosto 1943, dopo il completamento del corso di conversazione, fu costituito a Hajmáskér il 1° Battaglione di artiglieria d'assalto reale ungherese Honvéd, comandato dal capitano Barankay. All'inizio, gli artiglieri d'assalto avevano utilizzato i carri armati Turán e Toldi per l'addestramento. I primi tre obici d'assalto arrivarono nel settembre 1943, i numeri di targa erano: 3H-000, 3H-001, 3 H-002.

▲ Gli obici d'assalto 40/43M. Zrínyi e la fanteria armata di mitragliatrice 07/31M Schwarzlose combattono in Transilvania meridionale nel settembre 1944. (Kovacshazy)

40/43M. ZRÍNYI - UNGHERIA 1944

▲ L'obice d'assalto 40/43M. Zrínyi appartenente alla 3ª batteria del 1° battaglione di artiglieria d'assalto durante la ritirata in Ucraina, nel luglio 1944.

Organizzazione

In teoria, ogni corpo d'armata aveva un battaglione di artiglieria d'assalto, che era direttamente subordinato al comandante del corpo e poteva essere assegnato a supporto di qualsiasi divisione del corpo.
Un battaglione di artiglieria d'assalto era organicamente composto da:
- Comandante di battaglione (un cannone d'assalto);
- Batteria di stato maggiore con plotoni motorizzati di genieri, segnalatori, manutentori, medici e motociclisti, colonna di rifornimento spinta;
- Tre batterie, ciascuna con la stessa organizzazione (3x10 cannoni d'assalto):
  - Pistola d'assalto del comandante della batteria;
  - Truppe ad albero con tre fucili d'assalto ciascuna
  - Sezione medica
  - Sezione manutenzione
  - Sezione di alimentazione
- Batteria di manutenzione: per effettuare la riparazione e la manutenzione a breve e medio termine delle armi e degli armamenti.
- Batteria di trasporto: con trattori pesanti per trasportare gli AFV che non potevano essere trainati.

Secondo i piani originali, la prima e la seconda batteria dovevano essere equipaggiate con cannoni d'assalto e la terza con obici d'assalto. In pratica, l'organizzazione e l'equipaggiamento dei battaglioni ungheresi rimasero omogenei. Le ultime due batterie (manutenzione e trasporto) non furono mai realizzate. Solo il 1° e il 10° Battaglione di artiglieria d'assalto furono equipaggiati con obici d'assalto Zrínyi II.
Il parco veicoli era misto, nello scaglione di combattimento erano impiegati camion 38M Rába Botonds. Munizioni ed equipaggiamento erano trasportati con camion Opel Blitz e Deutz-Klöckner. Le autovetture di comando erano Krupp Protze e Mercedes G5, i sidecar BMW R-75 e le motociclette Puch G350 erano utilizzate per i piloti di spedizione e per la ricognizione. Il carburante veniva trasportato da due autocisterne per batteria e da "taniche".

▲ Scafi corazzati dei mai completati 40/43M. Zrínyi, presso la fabbrica GANZ nella primavera del 1945. Questi furono demoliti come tutti i veicoli corazzati ungheresi dopo la guerra. (Sarhidai)

▲ Segno dell'unità della 2ª Batteria di obici d'assalto/1° Battaglione di artiglieria d'assalto dipinto sul parafango frontale e sul retro del veicolo. A destra: insegna dell'unità della 3ª batteria di obici d'assalto.

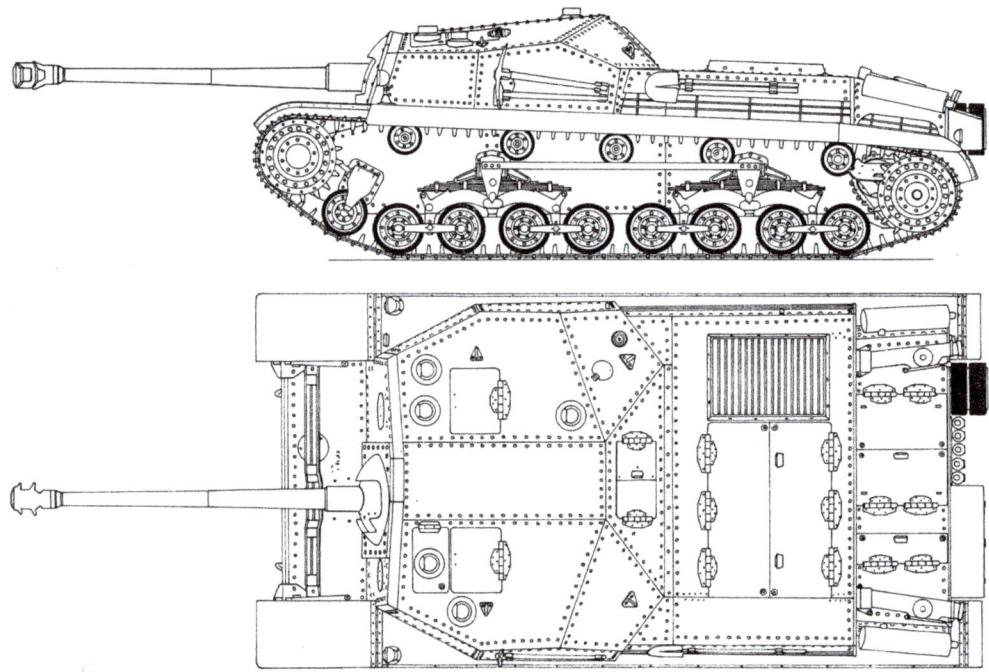

▲ Vista laterale e dall'alto del cannone d'assalto 44M. Zrínyi I (Bajtos)

▼ La canna dell'obice da 1 OS mm 40M. costruito nell'obice d'assalto Zrínyi II. (Manuale di servizio)

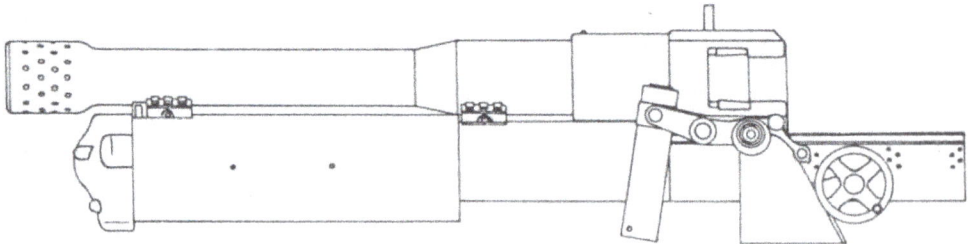

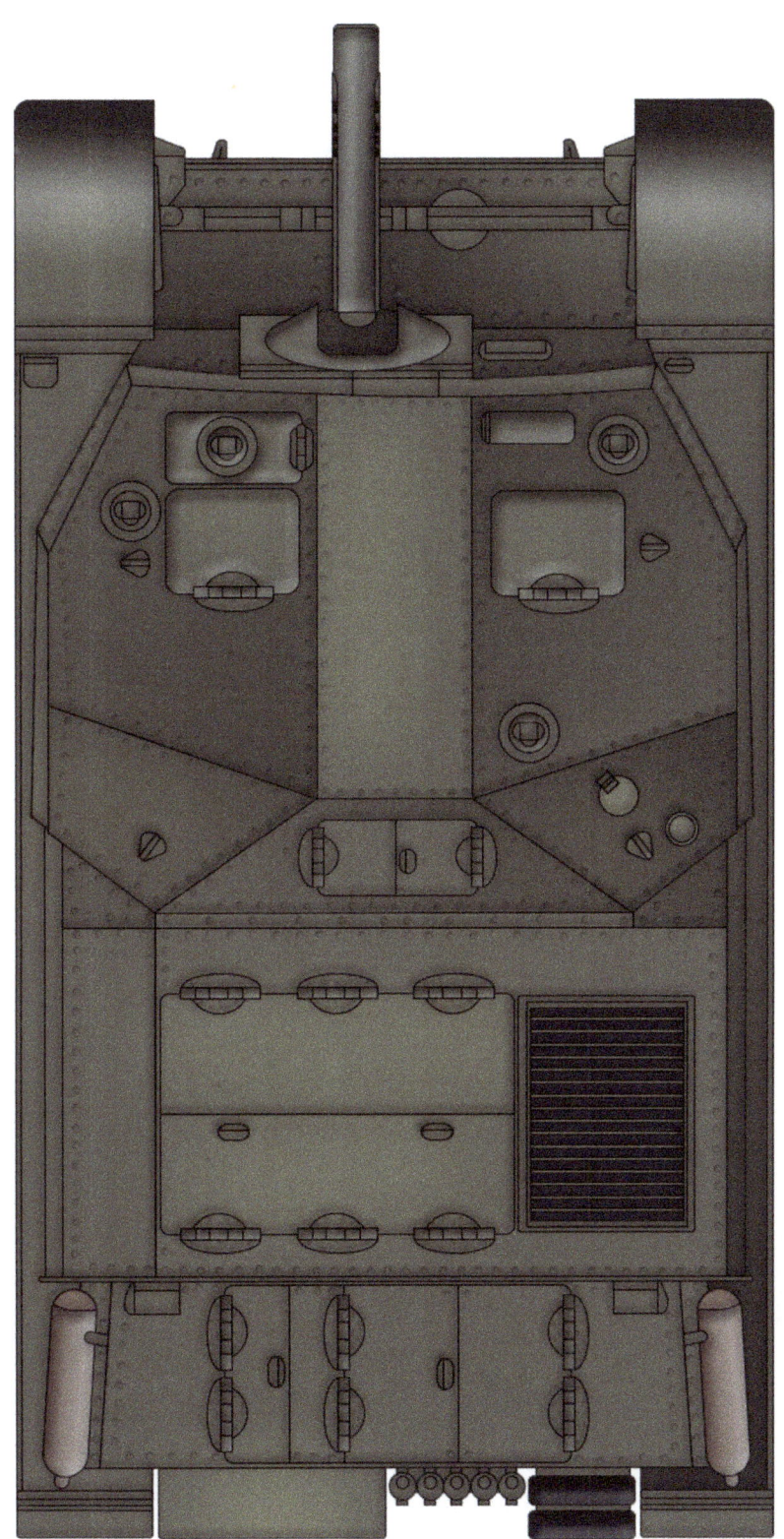

▲ Vista dall'alto dell'obice d'assalto 40/43M. Zrínyi

▲ Vista fronte e retro dell'obice d'assalto 40/43M. Zrínyi

1º BATTAGLIONE DI ARTIGLIERIA D'ASSALTO

Fu mobilitato il 12 aprile 1944 per unirsi alla 1ª Armata ungherese già schierata in Galizia. Al momento della mobilitazione, solo lo Stato Maggiore del battaglione e le batterie 2ª e 3ª disponevano di obici d'assalto. La 1ª Batteria ricevette i suoi veicoli all'inizio di giugno 1944 e seguì il battaglione sul campo di battaglia.

La 2ª Batteria di artiglieria d'assalto arrivò a Stanislau con un trasporto ferroviario il 16 aprile. Il battesimo del fuoco della batteria avvenne il 21 aprile 1944, a Bohorodizyn. Gli ungheresi effettuarono una ricognizione di una batteria anticarro nemica e di un reggimento di fanteria che si stava radunando ai margini di una foresta vicina. Gli obici d'assalto di Zrínyi attaccarono alla massima velocità sul campo. La batteria anticarro sovietica fu distrutta da due minuti di fuoco rapido di un plotone di obici d'assalto. L'altro plotone Zrínyi effettuò una raffica di 5 minuti con proiettili a frammentazione contro il reggimento di fanteria sovietico. La distruzione dei cannoni d'assalto è ben illustrata dal fatto che la fanteria ungherese che li accompagnava chiamò la foresta "deadwood" (legno morto) perché non aveva mai visto così tanti nemici morti.

Il 13-14 luglio la 2ª batteria combatté nella zona di Targowica, subendo una perdita sensibile, 4 morti e 3 - poi recuperati - cannoni d'assalto.

Comandante di battaglione, fondatore e organizzatore dell'artiglieria d'assalto ungherese, il capitano József Barankay fu ucciso in un attacco aereo al suo posto di comando il 13 luglio 1944. Nell'agosto 1944 gli fu conferita postuma la Medaglia d'Oro al Valore degli Ufficiali per la sua leadership durante la campagna di Galizia.

La 3ª Batteria di artiglieria d'assalto, il 25 aprile 1944, ricevette il primo ordine di supportare un battaglione di fanteria, 20 km a sud-est di Stanislaw; gli obici d'assalto Zrínyi abbatterono due degli 8 T-34 sovietici attaccanti e gli altri si ritirarono.

Il 28 aprile 1944, le forze sovietiche attaccarono Delatyn. I dieci obici d'assalto Zrínyi del Tenente Wáczek li attaccarono all'improvviso. Un plotone sparò, l'altro avanzò. L'attacco inaspettato ebbe un impatto terribile. Tuttavia, i sovietici aprirono il fuoco con ogni tipo di arma. Il tenente Wáczek, in posizione semi-emersa, iniziò a osservare i sovietici quando fu colpito. Il comando dell'attacco fu assunto dal capitano József Barankay, che camminava tra gli obici d'assalto durante la carica. Il comandante gravemente ferito fu sostituito dal tenente Tibor Rátz.

▲ Cannone d'assalto sperimentale 44M. Zrínyi I armato con cannone anticarro Pak 40 da 75 mm; dietro il cannone d'assalto il 40/43M. Zrínyi II nel cortile del Deposito Ordigni. (Sarhidai)

10° BATTAGLIONE DI ARTIGLIERIA D'ASSALTO

Fu costituito nel marzo 1944. In seguito alla morte del leggendario comandante del 1° Battaglione di Artiglieria d'Assalto, il Capitano Alexander Sándor Hanák assunse il comando del 10° Battaglione di Artiglieria d'Assalto e il suo precedente comandante, il Maggiore Nándor Doóri, fu assegnato al comando del 1° Battaglione di Artiglieria d'Assalto. Il 10° Battaglione di Artiglieria d'Assalto fu riempito fino al 65% quando i rumeni lasciarono l'alleanza delle potenze dell'Asse a metà agosto 1944. Due batterie del battaglione furono immediatamente mobilitate e schierate in treno da Dombóvár, finché l'operazione militare in corso permise il trasporto su rotaia. Il 28 agosto 1944, le truppe sbarcarono a Csíkszentsimon. Il compito dell'unità di artiglieria d'assalto dispiegata era principalmente quello di dare prova di forza e di sostenere le deboli truppe ungheresi della guardia di frontiera. La Batteria di Stato Maggiore, la 1ª e la 2ª Batteria ebbero il battesimo del fuoco nella Valle di Uz e a Szépvíz il 20 settembre 1944. Il primo obice d'assalto 40/43M. Zrínyi fu perso qui.

Il 22 settembre 1944, un attacco sovietico emerse in direzione di Sósfürdő, su uno spazio ristretto, con due divisioni di fucilieri sovietici supportate da cinquanta carri armati T-34. A Egerbegy, la 4ª Divisione della Guardia sovietica attaccò, sul lato sinistro, sostenuta da truppe rumene. I reparti combattenti della 2ª Divisione corazzata ungherese resistettero ostinatamente.

Quel pomeriggio, il I Battaglione di fanteria ungherese, rinforzato dalla 2ª Batteria del 10° Battaglione di cannoni d'assalto, tese un'imboscata alle truppe dell'Armata Rossa che avanzavano. Sei obici d'assalto Zrínyi guidati dal guardiamarina János Bozsoki erano in posizione per contrastare i carri armati sovietici. Il compito degli obici d'assalto Zrínyi era quello di fermare l'attacco sovietico sulla strada per Sósfürdő. Gli obici d'assalto si misero in posizione di tiro nella valle di Sósfürdő, di fronte alla strada che portava al nemico, a metà di 400 m. Il terreno cespuglioso e pesantemente coperto fu di grande aiuto per mimetizzare gli obici d'assalto. I carri armati che avanzavano erano autorizzati ad avvicinarsi, per quanto possibile, a 50 metri di distanza. L'equipaggio ben addestrato iniziò a sparare rapidamente e, in pochi istanti, non era più visibile la nuvola di polvere e fumo causata dai numerosi impatti, che impedivano al nemico di trovare i propri bersagli, quando apriva il fuoco. Dopo circa 3-4 minuti di fuoco, il guardiamarina Bozsoki ordinò di cessare il fuoco. La riva scoscesa della strada profondamente tagliata seppelliva per metà i T-34 rovesciati e distrutti. Gli obici d'assalto ungheresi eliminarono 18 T-34 in pochi minuti.

GLI OBICI D'ASSALTO ZRÍNYI DURANTE L'ASSEDIO DI BUDAPEST 1944-1945

Sei battaglioni di cannoni d'assalto, guidati dal tenente generale Ernő Billnitzer, comandante della sezione di artiglieria d'assalto, avevano 2000 uomini con 30 cannoni d'assalto e 8 cannoni anticarro. I battaglioni erano equipaggiati con Zrínyis, StuG. Tuttavia, la maggior parte degli equipaggi addestrati era impiegata come fanteria. I cannoni d'assalto costituivano una minaccia formidabile per le truppe russe in avanzata. Le dimensioni e l'armamento degli Zrínyis erano ideali per i combattimenti di strada. La loro sagoma bassa aiutava a nasconderli e l'obice da 50 mm poteva penetrare qualsiasi corazza sovietica a distanza ravvicinata. Durante l'assedio di Budapest, i Battaglioni di artiglieria d'assalto 1°, 7° (StuG III), 10°, e parti dei Battaglioni di artiglieria d'assalto 13°, 16°, 25° combatterono in città. Le unità furono rinforzate con Zrínyi appena assemblati dalla fabbrica Ganz. Il 3 novembre 1944, la 3ª Battery con tre obici d'assalto Zrínyi attaccò le forze sovietiche vicino all'aeroporto di Ferihegy e le inseguì fino a Vecsés, causando loro gravi perdite. Domenica 5 novembre 1944, le truppe dell'8ª Divisione di Cavalleria SS, supportate dalla forza composita del 1° e del 10° Battaglione di Artiglieria d'Assalto, lanciarono un attacco alle forze sovietiche che si erano insediate nella parte meridionale di Vecsés quel giorno e presto ne espulsero la maggior parte. Il comandante del 1° battaglione di artiglieria d'assalto, il capitano Wáczek Fedor, il 19 novembre 1944 vicino a Maglód fu nuovamente gravemente ferito durante una ricognizione. Il comando fu assunto dal 1° Tenente Dénes Sándor. Il 9 febbraio 1945, gli ultimi quattro obici d'assalto utilizzabili della 3ª Batteria (anche gli ultimi obici d'assalto utilizzabili del 1st Assault Artillery Battalion), spararono i loro ultimi colpi HE verso il nemico.

AUTOBLINDO 39 M. CSABA

Le autoblindo erano veicoli da combattimento corazzati su ruote leggeri, impiegati per la ricognizione, la sicurezza interna, la scorta armata e compiti subordinati sul campo di battaglia durante la Seconda Guerra Mondiale. Con il graduale declino della cavalleria, le autoblindo furono sviluppate per svolgere i compiti precedentemente assegnati alla cavalleria leggera. Alla fine degli anni '30, l'esercito ungherese fu in grado di mettere insieme i requisiti teorici e organizzativi con il background finanziario e industriale per avere le sue autoblindo che seguivano gli sviluppi delle truppe corazzate 1938-1939. Le autoblindo ungheresi 39 M. Csaba furono progettate e sviluppate in collaborazione con il cittadino ungherese, poi inglese, Nicholas Straussler, gli ingegneri dell'azienda Weiss Manfred e l'Istituto di Tecnologia Militare dell'Esercito Ungherese (HTI).

■ SVILUPPO E DESIGN

Nato in Ungheria, Nicholas Straussler (1891-1966) è stato un ingegnere, inventore e uomo d'affari che ha vissuto e studiato in Inghilterra nel periodo tra le due guerre. È famoso soprattutto per aver sviluppato il sistema di galleggiamento utilizzato dai carri armati anfibi DD degli Alleati durante lo sbarco in Normandia nel 1944. Nel 1932 sviluppò l'A.C.1, l'autoblindo sperimentale per il Ministero dell'Aviazione britannico, e nel 1933 fondò la Straussler Mechanisation Ltd per la progettazione e la costruzione dei suoi veicoli e delle sue invenzioni, in collaborazione con la Weiss Manfréd Factory di Csepel per realizzare i prototipi dei veicoli da lui progettati. Nel 1934, riassumendo la sua esperienza, ordinò il prototipo dell'autoblindo A.C.2 alla fabbrica Weiss Manfréd. Era destinato all'uso da parte della RAF come veicolo blindato da ricognizione per il deserto. L'autoblindo A.C.2 aveva anche il posto di guida "posteriore", che era già un requisito per i veicoli blindati da ricognizione. Il compartimento del conducente "posteriore"

▲ Un'autoblindo 29 M. Vickers, appartenuta alla RUISK, osservata dai soldati ungheresi durante un'esercitazione estiva nei primi anni '30. (Toth Marcell)

AUTOBLINDO 39 M. CSABA - UNGHERIA 1941

▲ Autoblindo 39M. Csaba con mimetiche a tre toni e insegne militari ottagonali appartenente al Corpo di Mobilitazione durante l'operazione in Ucraina, nell'estate del 1941.

era inoltre dotato di tutti gli strumenti necessari alla guida del veicolo. A causa della trazione integrale, la guida del veicolo sul campo richiedeva una grande forza. Ciò è stato facilitato dall'installazione di un meccanismo di sterzo a due velocità, che a sua volta ha complicato ulteriormente un meccanismo altrimenti semplice. Due autoblindo A.C.2 furono prodotte presso la fabbrica Weiss Manfred di Csepel. L'esperienza positiva con l'autoblindo A.C.2 indusse il Ministero della Difesa britannico e il Comando dell'Aeronautica a ordinare una serie minore di veicoli da combattimento. Secondo i registri dell'azienda in Inghilterra, furono prodotti cinquanta telai con lo stesso design dell'autoblindo A.C.2 presso la fabbrica Weiss Manfred in Ungheria. La serie successiva fu l'autoblindo A.C.3D. Di questa versione, 12 furono destinati all'Esercito delle Indie Orientali Olandesi e tre all'Esercito del Portogallo. Altre 12 furono acquistate dall'aviazione britannica. Le due autoblindo A.C.2 furono costruite a Csepel, già con il supporto del Ministero della Difesa ungherese. Una partì per la Gran Bretagna, l'altra rimase in fabbrica. La costruzione moderna, che non era una semi-soluzione, cos-

▲ L'autoblindo A.C.2 con scafo e torretta corazzati di fabbricazione ungherese con targa A.012. La torretta è già armata con un fucile anticarro da 20 mm e una mitragliatrice. Una mitragliatrice leggera da 31 M. è montata su un supporto antiaereo sul portello posteriore della torretta. (Sarhidai Gyula). Foto piccola: le autoblindo 39 M. Csaba erano alimentate da un motore Ford V-8 da 90 CV montato nella parte posteriore dell'autoblindo. Sul lato destro del motore è visibile la batteria Bosch. (Fortepan/Korbuly)

AUTOBLINDO 40 M. CSABA - RUSSIA 1942

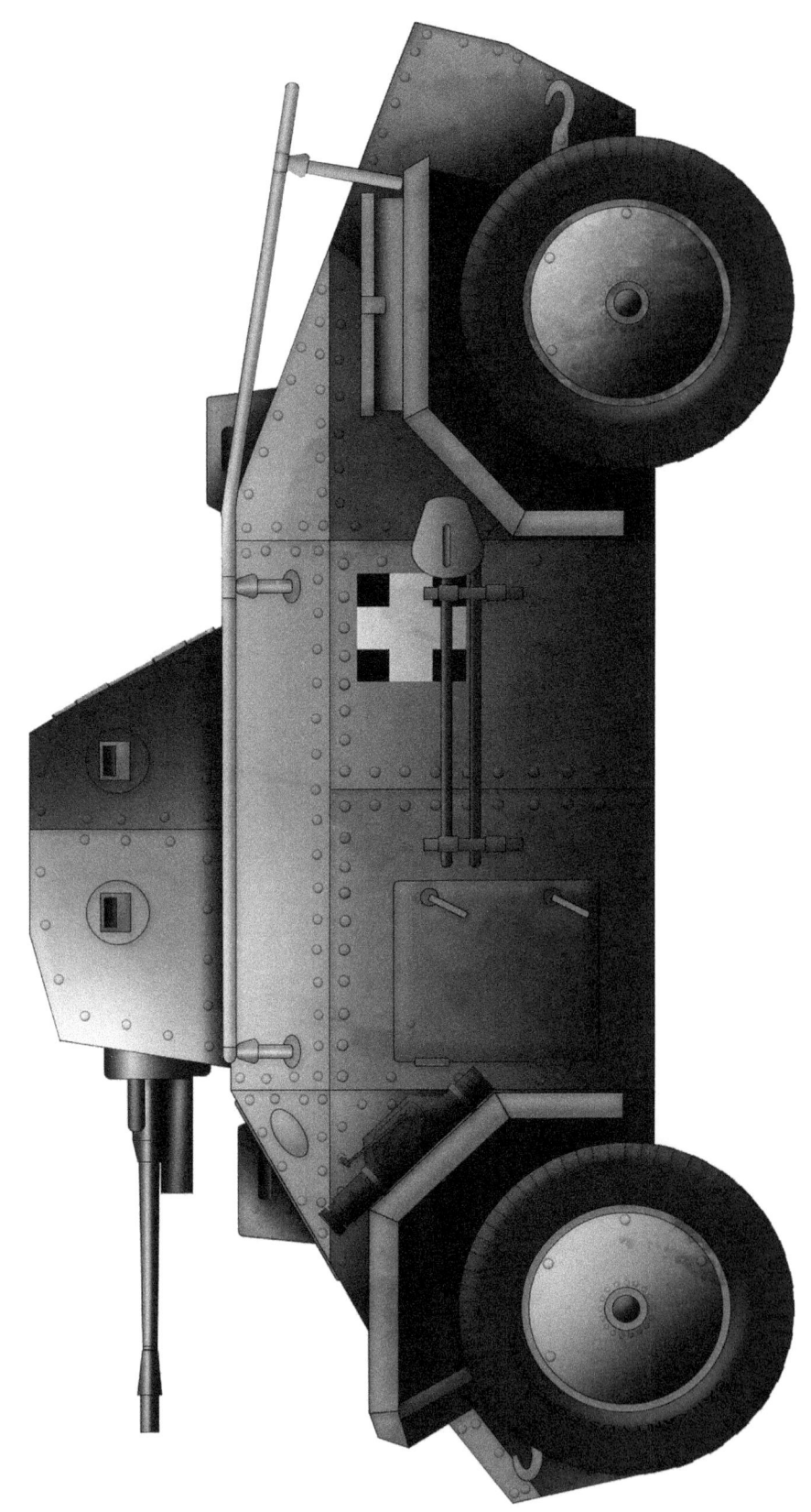

▲ Autoblindo 39/40M. Csaba appartenente al 1° Battaglione di ricognizione, Russia 1942.

AUTOBLINDO 40 M. CSABA COMMAND A.C. - RUSSIA 1942-43

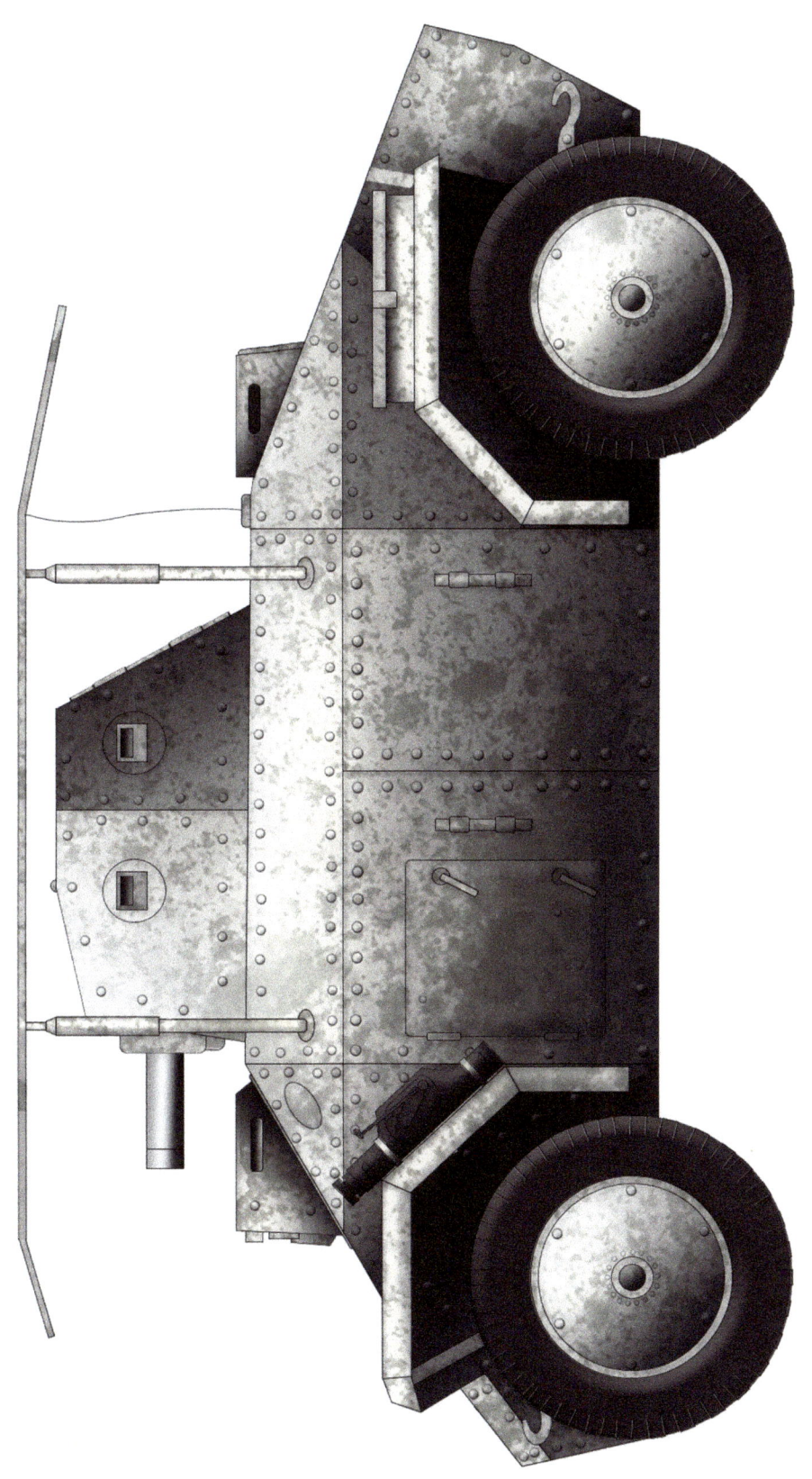

▲ Autoblindo da comando/segnalazione 40 M. Csaba, in livrea invernale, appartenuta al 1° Battaglione di ricognizione che combatté durante la battaglia invernale sul fiume Don 1942-1943.

2. Reconnaissance Battalion, 1941

Battalion Staff

Sapper Platoon

Signal Platoon

Maintenance Platoon

1. Armoured Car Company 10 x 39. M Csaba armoured car
Company Staff

1. Armoured Car Platoon

2. Armoured Car Platoon

3. Armoured Car Platoon

2. Tankette Company 18 x 35. M FIAT Ansaldo tankette
Company Staff

1. Tankette Platoon

2. Tankette Platoon

3. Tankette Platoon

3. Light Tank Company 18 x 38. M Toldi light tank
Company Staff

1. Light Tank Platoon

2. Light Tank Platoon

3. Light Tank Platoon

4. Motorised Rifle Company 12 x 31. M light machine gun, 3 x 36. M anti-tank rifle

Company Staff

1. Motorised Rifle Platoon

2. Motorised Rifle Platoon

3. Motorised Rifle Platoon

4. Motorised Heavy Weapon Platoon

tituita da un telaio di camion, ma un veicolo originariamente progettato per scopi militari, conquistò il favore dei vertici militari ungheresi. Sotto la guida dell'HTI, gli ingegneri della fabbrica Weiss Manfréd utilizzarono il telaio dell'autoblindo A.C.2 e costruirono una sovrastruttura di progettazione ungherese, che divenne il pre-tipo della moderna autoblindo ungherese. Il veicolo corazzato ungherese fu targato P-19, uno dei veicoli di prova della fabbrica Weiss Manfred. Il suo scafo differiva notevolmente dalla versione arrotondata progettata per il veicolo britannico. La sovrastruttura dell'A.C. Alvis progettata per l'A.C.3 divenne nota a Csepel solo nel 1938, quindi non si sa quanto abbia influenzato la forma della successiva autoblinda 39 M. Csaba. Di certo la torretta della successiva Csaba fu formata qui con piccole differenze e anche la disposizione dell'installazione delle armi divenne definitiva. Il Capo di Stato Maggiore ungherese cercò dapprima di procurarsi autoblindo attraverso acquisti all'estero. L'ADKZ austriaco, il Lynx svedese e alcuni veicoli corazzati tedeschi sembravano essere il tipo giusto, ma - come nel caso dei carri armati - l'alto prezzo di acquisto, la precaria situazione internazionale e la riluttanza tedesca a vendere complicarono l'affare.

Contemporaneamente all'appalto estero, la fabbrica Weiss Manfred presentò la sua offerta di produzione basata su un'autoblindo in suo possesso. Si trattava del prototipo dell'autoblindo A.C. progettato da Nicholas Straussler e dagli ingegneri della Weiss Manfred Company.

L'offerta della Weiss Manfréd comprendeva il telaio, il motore e l'equipaggiamento, ma sembrava anche adatta alla costruzione di una sovrastruttura corazzata. L'incertezza sugli acquisti esteri, il deterioramento della situazione internazionale e l'urgenza di prepararsi alla guerra costrinsero i vertici militari ad accettare la produzione nazionale.

Nell'estate del 1938, il Capo di Stato Maggiore ungherese sostenne lo sviluppo di un veicolo blindato nazionale basato sul progetto dell'autoblindo A.C.2. La fabbrica Weiss Manfréd fu incaricata di preparare il prototipo. Dopo le prove operative con il prototipo, all'inizio del 1939, l'A.C.2 modificato fu adottato come autoblindo 39 M. Csaba ed entro la fine dell'anno fu ordinata la produzione della prima serie.

■ CARATTERISTICHE TECNICHE

Scafo e torretta

Lo scafo dell'autoblindo Csaba era diviso in vano pilota, torretta e vano motore. La carrozzeria dello Csaba, di forma angolare e priva di piastre verticali, era progettata per fornire una protezione supplementare all'equipaggio e al motore, deviando proiettili e schegge. Anche la torretta era formata da piastre corazzate angolari. Sullo scafo dell'autoblindo, nella parte anteriore e posteriore, erano fissati dei parafanghi che offrivano spazio per cassette, attrezzi da trincea e martinetti. L'autoblindo aveva due posti di guida con gli stessi pannelli di controllo nella parte anteriore e posteriore dell'auto, anche se il posto di guida posteriore era molto stretto e schiacciato a sinistra a causa del motore situato nella parte posteriore dell'auto. I piloti erano protetti da una cupola corazzata (chiamata elmetto) che poteva essere aperta e abbassata a seconda della situazione di combattimento. Il sedile di guida era regolabile dai piloti durante la guida dell'auto. Con la cupola di guida chiusa, i piloti si orientavano attraverso i periscopi. L'autoblindo Csaba aveva una torretta di forma esagonale posizionata centralmente che ruotava di 360°. Le piastre laterali della torretta erano dotate di porte di osservazione. La piastra posteriore della torretta ospitava una grande porta doppia con due porte di osservazione. La torretta aveva anche una botola sul tetto per il comandante. La piastra frontale ospitava le armi dell'autoblindo. La mitragliatrice 34/37 M. e il relativo mirino erano inseriti nella porta d'arma destra e il fucile anticarro 36 M. e il relativo mirino in quella sinistra.

Armamento

La torretta era dotata di un fucile anticarro 36 M. da 20 mm e di una mitragliatrice Gebauer 34/37 M. da 8 mm. Inoltre, a bordo era presente una mitragliatrice leggera Solothurn 31 M. da 8 mm rimovibile che poteva sparare attraverso il portello posteriore della torretta come arma antiaerea. Il veicolo trasportava 200 colpi per il fucile anticarro e 3000 colpi per le mitragliatrici. Il fucile anticarro ungherese da 20 mm 36 M. era basato sul progetto svizzero Solothurn S-18/100. La sua velocità alla volata era di 762 mm. La sua velocità alla volata era di 762 m/s. Il proiettile, il proiettile AP (armour-piercing) ungherese, poteva perforare una corazza di 20 mm angolata a 60° da 100 m e una corazza di 16 mm angolata a 60° da 500 m. L'arma aveva un caricatore da cinque colpi e poteva sparare 10-20 colpi al minuto. La mitragliatrice ungherese 8mm 34/37 M. Gebauer aveva un caricatore da 25 colpi e sparava munizioni 8x56mm. Anche la mitragliatrice leggera 8 mm Solothurn 31 M. sparava munizioni 8x56 mm. Il suo caricatore conteneva 25 colpi e la cadenza di fuoco dell'arma era moderata: 350 colpi al minuto. Ogni membro dell'equipaggio aveva una pistola d'ordinanza 9 mm 37 M. per la difesa personale, due carabine 8 mm 31 M. e bombe a mano. In seguito, furono aggiunti all'armamento anche fucili da 35 M. e mitragliatrici da 39 e 43 M.

Equipaggio
L'equipaggio era composto da quattro persone: comandante, mitragliere, pilota anteriore e pilota posteriore/operatore radio. Lo Csaba aveva un compartimento di combattimento stretto, soprattutto quando l'equipaggio indossava le tute protettive in pelle. Tuttavia, secondo i registri del campo di battaglia, le autoblindo Csaba evacuavano regolarmente i loro compagni dai veicoli danneggiati stipando da sei a otto uomini nelle loro autoblindo.

Radio
L'autoblindo 39 M. Csaba era dotata di una radio R/4 che funzionava tramite un'antenna a telaio montata all'esterno della carrozzeria e un'antenna telescopica a stecca incorporata nella corazza posteriore sul lato sinistro della torretta. La radio era gestita dal pilota posteriore.

Corazza
La corazza del veicolo, costruita con piastre di armatura rivettate e imbullonate, aveva uno spessore di 13 mm sulla parte anteriore, 9 mm sulla carrozzeria e 7 mm sulla piastra di copertura. Anche le piastre verticali della cupola del pilota erano realizzate con una corazza di 13 mm. Anche la torretta aveva piastre di corazzatura da 9 mm.

Motore
L'autoblindo funzionava con un motore tedesco Ford V-8 da 90 cavalli posizionato nella parte posteriore dello scafo. Il motore da 90 cavalli, overdrive, a 8 cilindri in linea, permetteva al veicolo di muoversi in avanti e indietro con il suo sistema di trasmissione a 5-5 velocità. Il carburante era conservato in un serbatoio inferiore da 120 litri situato sotto lo scafo e in un serbatoio di riserva da 15 litri situato dietro la piastra corazzata posteriore.

Sospensioni
Lo Csaba aveva sospensioni indipendenti, due e quattro ruote motrici e quattro ruote sterzanti che potevano essere impostate su due ruote anteriori o posteriori. Queste caratteristiche conferivano allo Csaba eccellenti capacità fuoristradistiche, ma richiedevano una manutenzione piuttosto impegnativa. Il veicolo, che poggiava su quattro grandi pneumatici 22x9,75 (1100 mm), con servofreni ad aria compressa, era equipaggiato con pneumatici Cordatic resistenti ai pallini, mentre le sospensioni erano costituite da due balestre semiellittiche anteriori e posteriori. La carreggiata relativamente ampia (1700 mm) e il passo di 3000 mm garantivano una tenuta di strada stabile sul campo.

Modifiche
Un problema serio era che durante le marce, la radio R/4 installata sui blindati forniva solo 20 chilometri di portata in pianura e appena 5 chilometri in montagna tra i blindati e le alte sfere di comando.

AUTOBLINDO 40 M. CSABA DI COMANDO/SEGNALAZIONE

L'Esercito ordinò per le unità di ricognizione un veicolo speciale di comando/segnalazione, il 40 M. Csaba, che aveva una maggiore capacità radio. Il requisito principale per questo modello era di essere molto simile al veicolo da combattimento, per mantenere la produzione semplice ed evitare di attirare l'attenzione del nemico. L'HTI, insieme alla Fabbrica, eseguì il compito basandosi sull'autoblindo standard 39 M. Csaba. Il veicolo di comando ricevette una torretta più piccola con un solo uomo e una mitragliatrice da 8 mm 34/37 M. Gebauer. Per posizionare le radio, il fucile anticarro, i suoi supporti e gli accessori fissati alla parete della torretta furono rimossi dalla torretta. Il quarto membro dell'equipaggio divenne l'operatore radio al posto del mitragliere. Per lui fu costruito un sedile tra il vano del pilota e la torretta. Il comandante era in grado di collegarsi a tutte le radio militari a 100 km in modalità telegrafica RH e a 160 km in onde medie. Ciò era garantito da un'antenna a telaio collegata a quattro gambe di supporto pneumatiche che potevano essere sollevate e ritratte. Solo una dozzina di esemplari fu costruita ufficialmente, anche se è probabile che alcuni 39 M. danneggiati siano stati convertiti in veicoli di comando durante la guerra.

▲ Autoblindo 39 M. Csaba del 2° Battaglione da ricognizione durante l'operazione in Transilvania, settembre 1940. Il battaglione aveva le insegne militari a forma di cerchio e l'insegna bianca dell'unità F.2. sta per il 2° Battaglione da ricognizione, la barra bianca orizzontale rappresenta il 1° plotone della compagnia di autoblindo. (Deák Tamás)

▼ L'autoblindo 39 M Csaba appartenente al 2° Battaglione di Ricognizione, staff del battaglione che avanzava in Transilvania nel settembre 1940. Il 2.F. bianco era l'insegna dell'unità, la T. sta per staff. Dietro l'autoblindo c'è un'auto del personale ex Polski-Fiat 508. (War Correspondent Company)

▲ Le autoblindo 40 M. Csaba impiegate come autoblindo comando/segnale di compagnia e battaglione presso i battaglioni di ricognizione. I blindati 40 M. freschi di fabbrica eseguono un giro di prova. (Fortepan/Korbuly)Foto piccola: autoblindo 39 M. Csaba, appartenente al 1° Battaglione corazzato di ricognizione, nell'estate del 1941, mentre passa un ponte sui Carpazi. (Deák Tamás)

AUTOBLINDO 39 M. CSABA - UNGHERIA 1941

▲ L'autoblindo 39M. Csaba apparteneva al 2° Battaglione di Ricognizione e portava le insegne militari circolari, utilizzate solo dal 2° Battaglione di Ricognizione durante la campagna.

CARRI UNGHERESI ZRÍNYI E CSABA

▲ Le autoblindo 39 M. Csaba del 2° Battaglione di Ricognizione avevano una mimetica a tre toni e insegne militari a forma di cerchio nel settembre 1940. (Deák Tamás)

▶ Anche l'Accademia Militare di Ludovika ricevette le autoblindo 39M. Csaba; durante le esercitazioni estive le autoblindo ricevettero un numero tattico L45 bianco dipinto sulla torretta. (Collezione Mujzer)

▼ Avanzamento dell'autoblindo 39 M. Csaba del 1° Battaglione di Ricognizione sui Carpazi con insegne militari ottagonali. (Deák Tamás)

MIMETICHE E SEGNI DISTINTIVI

I veicoli corazzati ungheresi prodotti a partire dal 1940 erano rifiniti con una mimetizzazione alla francese che consisteva in un colore di base verde oliva scuro con macchie ocra chiaro e rosso-marrone. Fino al 1942, questa mimetizzazione dirompente era applicata a pennello con motivi di macchie irregolari. Tuttavia, nel 1942 gli ungheresi cominciarono a utilizzare attrezzature a spruzzo, dando ai disegni mimetici un aspetto più diafano.

Durante lo schieramento della 1ª Divisione corazzata da campo nel 1942, i veicoli corazzati di fabbricazione ungherese, i carri armati leggeri Toldi, gli autocannoni semoventi Nimród e le autoblindo Csaba, furono ridipinti in grigio "panzer", come i carri armati Pz.IVF-1 e Skoda 38(t).

Nel 1944, alcuni veicoli corazzati e non corazzati furono uniformemente dipinti di verde scuro. Nell'aprile 1944, almeno un plotone di autoblindo Csaba del 2° Battaglione di Ricognizione fu sovraverniciato in ocra chiaro alla tedesca. Nel 1944, da due a cinque autoblindo 39 M. Csaba furono consegnate alla riserva mobile della Polizia di Stato. Le due Csaba conosciute, RR-711 e -712, erano dipinte in blu scuro brillante.

■ INSEGNE MILITARI NAZIONALI

Nel 1940, i battaglioni e le alte sfere svilupparono insegne militari temporanee. Il 1° Battaglione di Ricognizione utilizzò una croce maltese bianca come base nel 1940. I contorni verdi o rossi e il cerchio dovevano essere dipinti in combinazioni diverse per ogni compagnia del battaglione. Le insegne erano dipinte su tutti e quattro i lati e, per l'identificazione aerea, anche sul ponte motore. Le autoblindo Csaba avevano le insegne dipinte anche sui lati della torretta. I veicoli del 2° Battaglione di Ricognizione avevano una croce verde delineata in bianco su una base circolare rossa dipinta in cinque punti, e fu permesso di usarla fino alla fine del 1941.

Infine, nel 1941 il Comando del Corpo Mobile e l'Istituto di Tecnologia Militare svilupparono congiuntamente l'insegna ottagonale costituita da una croce verde delineata in bianco e l'area tra i bracci della croce riempita di rosso. Questa insegna divenne l'insegna militare standard dal 1941 al 1942. Le insegne dovevano essere dipinte sulle fiancate, sulla parte anteriore, posteriore e sulla parte superiore (ponte motore) dei veicoli. In pratica, le insegne risultavano troppo grandi e colorate. Le insegne sullo scafo anteriore, dietro la postazione del conducente dei carri corazzati Csaba, costituivano un punto di mira perfetto per i cannonieri anticarro nemici. Per questo motivo, sul campo gli equipaggi spesso coprivano le insegne anteriori con il fango.

Nel novembre 1942 entrò in servizio una nuova insegna, già utilizzata dall'aviazione - croce bianca su un quadrato nero - autorizzata in tre diverse dimensioni a seconda della posizione sui veicoli. Le istruzioni prevedevano che l'insegna fosse apposta su tutti i lati visibili dei veicoli, ma in pratica fu applicata solo sulle fiancate e, in dimensioni maggiori, sul ponte motore.

■ INSEGNE DELL'UNITÀ

Dal 1938, ogni unità inventò i propri segni di identificazione colorati. In seguito, i requisiti standard furono quelli di utilizzare adattamenti di semplici simboli geometrici. A partire dal 1942 le unità iniziarono a utilizzare i simboli geometrici di base, dipinti sui parafanghi anteriori e posteriori o sullo scafo. Nel 1943 il Corpo corazzato regolamentò le insegne delle unità subordinate. Nel 1944, le insegne di divisione e di reggimento (battaglione) furono dipinte sullo scafo o sui parafanghi anteriori e posteriori, a sinistra e a destra. Anche i veicoli non corazzati portavano le insegne delle unità, seguendo i regolamenti sopra citati.

■ TARGHE

I veicoli blindati avevano targhe dipinte. Sulle autoblindo, il numero di serie anteriore era riportato in un sottile rettangolo bianco. Lo stile era solitamente un Pc. (abbreviazione di autoblindo) con lo scudo nazionale (rosso-bianco-verde), seguito da un numero di serie a tre cifre. Le lettere e i numeri erano dipinti di nero. Gli stessi numeri di serie erano riportati sulla parte posteriore dello scafo, ma in forma quadrata. Più tardi, dal 1944, la targa anteriore fu semplicemente dipinta sulla mimetica senza sfondo bianco.

■ NUMERAZIONI TATTICHE

I veicoli corazzati ungheresi adottarono l'uso di numeri di torretta a tre-quattro cifre nel 1942. Il 2° Battaglione di Ricognizione usava numeri tattici a tre cifre sui blindati Csaba, dipinti sulla piastra posteriore della torretta. L'Accademia Militare Ludovica usava la grande L e numeri tattici a due cifre nelle esercitazioni estive.

■ CAMPIONI DI INSEGNE DELL'UNITÀ

▲ 1° Battaglione di ricognizione 1940-1941 - 2° Battaglione di ricognizione 1940-1941 - 1° Brigata di montagna, plotone autoblindo

▲ 2° Battaglione di ricognizione 1942-1945 - 3° Battaglione di ricognizione - Insegne a croce di Malta 1940

▲ Insegne circolari 1940-1941 - Insegne ottagonali 1941-1942 - Insegne quadrate bianche e nere 1943-1945

AUTOBLINDO 40 M. CSABA COMANDO A.C. - GALIZIA 1944

◂ Autoblindo 40 M. Csaba appartenente al 2° Battaglione di ricognizione che combatté in Galizia nell'aprile 1944.

AUTOBLINDO 39 M. CSABA - GALIZIA 1944

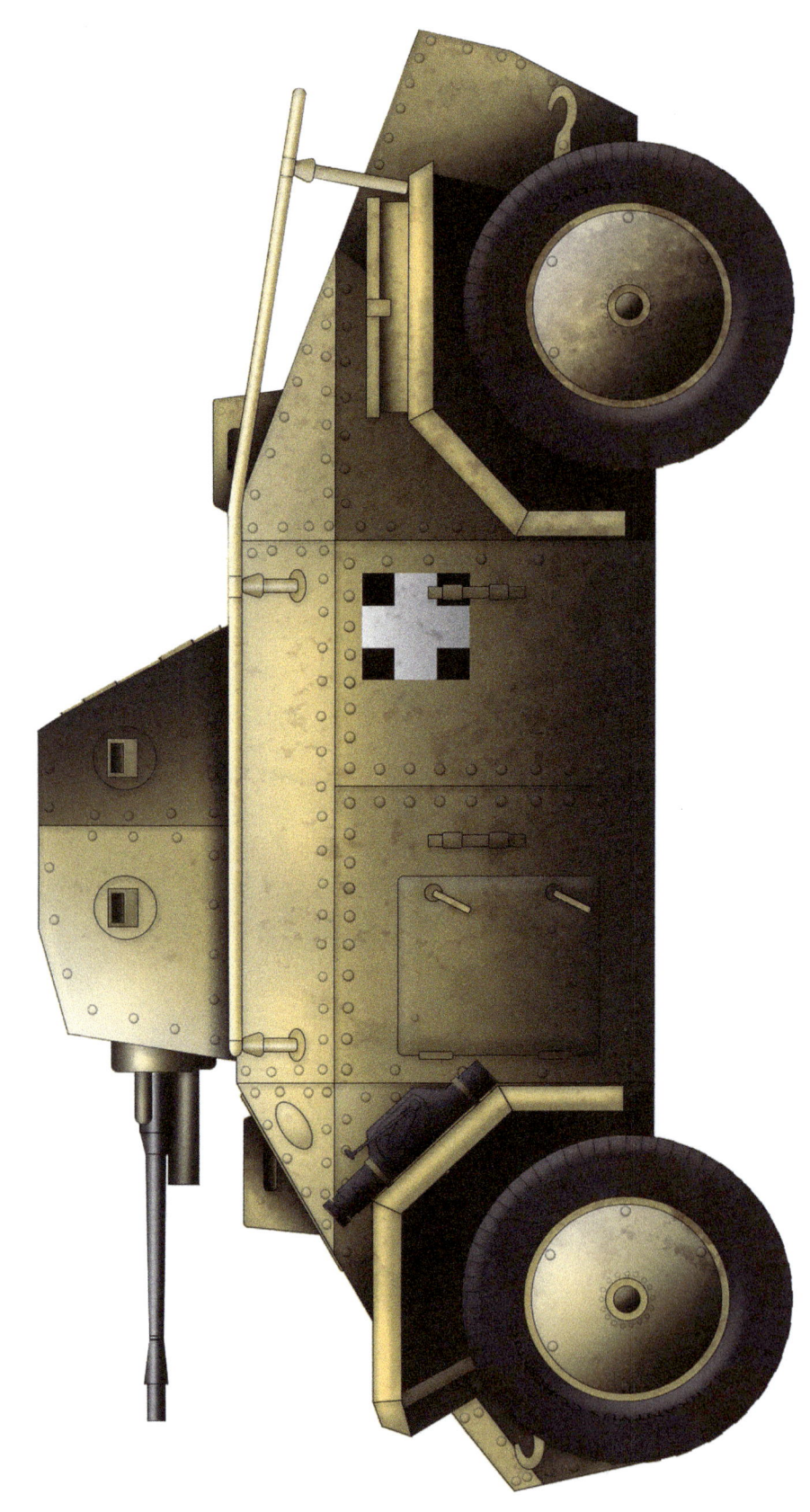

▲ L'autoblindo 39M. Csaba della compagnia autoblindo del 2° Battaglione di Ricognizione indossa la mimetica giallo scuro, durante l'operazione intorno a Nadworna, nell'aprile del 1944, in Galizia.

VERSIONI DEL VEICOLO

- **Varianti principali: autoblindo 39 M. Csaba**

Peso: 5,95 tonnellate
Equipaggio: 4 membri (comandante, artigliere, pilota, radiofonista, copilota)
Armatura: Anteriore 13 mm, laterale 9 mm, posteriore 9 mm
Armamento principale: 1x20mm 36 M. fucile anticarro
Armamento secondario: 1x8 mm 34/37 AM. mitragliatrice
Motore: Ford G61T, 3560 centimetri cubici, 8 cilindri, motore a benzina raffreddato ad acqua da 90-95 CV
Velocità massima su strada: 65 km/h
Autonomia: 150-200 km

- **Varianti principali: autoblindo 40 M. Csaba di comando/segnalazione**

Peso: 5,85 tonnellate
Equipaggio: 4 membri (comandante, operatore radio, pilota, copilota)
Armatura: Anteriore 13 mm, laterale 9 mm, posteriore 9 mm
Armamento principale: 1 mitragliatrice da 8 mm
Motore: Ford G61T, 3560 centimetri cubici, 8 cilindri, motore a benzina raffreddato ad acqua da 90-95 CV
Velocità massima su strada: 70 km/h
Autonomia: 150-200 km

▲ Gruppo di comando avanzante del 2° Battaglione di ricognizione in Galizia con 40 M. Csaba, autoblindo di comando/segnalazione Pc.408, circondato da addetti ai dispacci su moto Puch G350 che seguono autovetture Skoda e Mercedes. Gli ungheresi indossano elmetti d'acciaio bianchi da 35M. (ECPA)

Ulteriori sviluppi

Durante la guerra, l'esercito ungherese intendeva sostituire l'autoblindo Csaba con un veicolo meglio armato e corazzato, con migliori capacità fuoristrada e basso profilo. Si trattava dell'autoblindo Hunor, che purtroppo non uscì mai dal tavolo di progettazione e di cui non fu costruito nemmeno un prototipo. Lo scafo era simile a quello del Fu. Kfz.67/Kfz.232 tedesco, progettato nel 1935. Il telaio era di tipo asimmetrico a tre assi e sei ruote, con pneumatico Lypsoid 11,00 x 20 resistente al tiro. Questo pneumatico con una camera d'aria in gomma grezza era uno dei brevetti di Straussler, ma durante la guerra l'acquisto di gomma naturale era già finito. L'unità era alimentata da due motori a benzina V-8 da 165 CV. L'autoblindo era dotata di vani di guida anteriori e posteriori. La torretta dell'autoblindo è situata al centro del telaio, armata con un cannone da 20 mm e una mitragliatrice da 8 mm, che all'epoca non era troppo potente. L'equipaggio era di 3-4 persone. L'autoblindo aveva due eliche nella parte posteriore del telaio, poteva passare alla modalità anfibia e il galleggiamento era assicurato da un tubo gommato attaccato al lato dell'autoblindo e gonfiato con aria compressa.

SCHEDA TECNICA		
	Autoblindo 39 M. Csaba	**Autoblindo 40 M. Csaba di comando/segnalazione**
Lunghezza	4520 mm	4520 mm
Larghezza	2100 mm	2100 mm
Altezza	2370 mm	2300 mm
Altezza minima dello scafo dal suolo		
Peso in ordine di combattimento	5,95 tonnellate	5,85 tonnellate
Equipaggio	4	4
Motore	Ford G61T, 8 cilindri, motore a benzina raffreddato ad acqua da 90-95 CV	
Velocità massima		
Autonomia	150-200 km	150-200 km
Capacità del serbatoio		
Spessore dell'armatura	13-9 mm	13-9 mm
Armamento	1 fucile anticarro da 20 mm, 1 mitragliatrice da 8 mm	1 mitragliatrice da 8 mm

▲ Le torrette 39 M. Csaba furono prodotte per le Hungarian River Forces, costruite su battelli corazzati dragamine, chiamati PAM nel 1943. (Karai Sandor)

PRODUZIONE

Le autoblindo Csaba furono prodotte esclusivamente dalla fabbrica Weiss Manfred di Csepel, un sobborgo della capitale ungherese. Secondo i rapporti, la fabbrica Weiss Manfred costruì 97 autoblindo Csaba da 39 M. e 20 autoblindo Csaba da 40 M. e probabilmente altre due, per un totale di 119 autoblindo. Dopo la guerra, nell'estate del 1945 furono ritrovate nel cortile della fabbrica Weiss Manfred 20 carrozzerie di autoblindo Csaba non finite.

In base alle targhe distribuite, le successive autoblindo furono prodotte e consegnate alle aziende:
- Targhe Pc.101-108 - 8 veicoli di addestramento
- Pc.109-161 - 53 Autoblindo 39 M. Csaba
- Pc.163-181 - 19 Autoblindo 39 M. Csaba
- Pc.182-192 - 11 Autoblindo 39 M. Csaba
- Pc.193-198 - 6 Autoblindo 39 M. Csaba
- Pc.162 e Pc.182 convertiti in autoblindo 40 M. Csaba comando/segnale
- Pc.400-411 12 Autoblindo 40 M. Csaba comando/segnale
- Pc.412-417, 6 autoblindo comando/segnale 40 M. Csaba

Organizzazione

A metà del 1940, le unità corazzate furono riorganizzate in seguito alla consegna alle truppe dei nuovi carri armati leggeri 38 M. Toldi e delle autoblindo 39 M. Csaba in quantità significativa. All'interno del Corpo Mobile ogni brigata motorizzata e di cavalleria aveva un battaglione di ricognizione o di cavalleria corazzata. Questi battaglioni avevano una struttura simile: una compagnia di autoblindo, una di tankette e una di carri armati leggeri. I battaglioni da ricognizione avevano un'altra compagnia di fucilieri motorizzati, oltre a distaccamenti di supporto al combattimento e di sostegno. Prima della campagna del Barbarossa, ebbe luogo un'altra riorganizzazione.

I battaglioni di ricognizione avevano compagnie di autoblindo, motociclisti, fucilieri motorizzati e anticarro, oltre a plotoni di segnalazione, genieri e di manutenzione subordinati allo staff del battaglione. La compagnia autoblindo disponeva di 16 autoblindo da 39 M. e 40 M., organizzate in tre plotoni, ognuno dei quali aveva 5 autoblindo e un'autoblindo da 40 M. Csaba per il comando/segnalamento appartenente allo staff della compagnia. La compagnia di cannoni anticarro aveva 4 cannoni anticarro da 37 mm 36 M (Pak36). La compagnia di fucili motorizzati aveva 12 mitragliatrici leggere da 8 mm 31 M. Solothurn, 3 fucili anticarro da 20 mm 36 M. Solothurn e 3 mitragliatrici da 8 mm 07/31 M. La compagnia motociclistica era armata con 12 mitragliatrici leggere da 8 mm 31 M. Solothurn e 3 fucili anticarro da 20 mm 36 M. Solothurn.

I battaglioni di cavalleria corazzata avevano anche una compagnia di autoblindo con 16 x 39 M. Csaba, due compagnie di carri armati con 35 M. FIAT Ansaldo, una compagnia di cannoni anticarro con cannoni anticarro da 37 mm 36M e plotoni di segnalazione, genieri e manutenzione subordinati allo staff del battaglione. I battaglioni di cavalleria corazzata furono inoltre rinforzati con 10 carri armati leggeri da 38 M. Toldi.

La 1ª Brigata da montagna ungherese aveva anche un plotone di autoblindo nel 1941. Il plotone di autoblindo era composto da 22 uomini 3 x 39 M. Csaba, un'autoblindo, due motociclette, un'autovettura e un camion per il personale. Il plotone di autoblindo fu sciolto alla fine del 1941.

A partire dal 1943, furono organizzati due battaglioni di ricognizione di tipo diverso, uno per le nuove divisioni di fanteria e uno per le divisioni corazzate e di cavalleria. In seguito alla nuova organizzazione generale, l'esercito ungherese aveva otto divisioni di fanteria di prima linea (ciascuna con tre reggimenti di fanteria) e ognuna di esse aveva anche battaglioni di cannoni d'assalto e di ricognizione. I battaglioni da ricognizione appartenenti alle otto divisioni di fanteria di prima linea erano composti da una compagnia di ussari e una di ciclisti, e da un plotone ciascuno di autoblindo (4 autoblindo Csaba da 39 M.), cannone anticarro (4 cannoni anticarro da 40 mm o da 75 mm 43 M./Pak40), mortaio (4 mortai da 81 mm 36 M.), segnalatore e geniere. I plotoni di autoblindo erano raramente equipaggiati con autoblindo a causa della carenza di autoblindo Csaba da 39 mm.

Le due divisioni corazzate avevano anche un battaglione di ricognizione ciascuna. Il 1° Battaglione da ricognizione era di stanza a Budapest, il 2° Battaglione da ricognizione era di base a Kassa (Kosice) e portava i numeri tattici delle rispettive divisioni corazzate. Questi battaglioni di ricognizione erano equipaggiati con una compagnia di autoblindo, una compagnia di fucili motorizzati (12 mitragliatrici leggere Solothurn da 8 mm, 2 mortai da 50 mm, 2 fucili anticarro Solothurn da 20 mm. Solothurn), una compagnia motociclisti (12 mitragliatrici leggere da 8 mm 31 Solothurn, 2 fucili anticarro da 20 mm 36 Solothurn), una compagnia cannoni anticarro (4 cannoni anticarro da 40 mm 40 M. o 75 mm 43 M./Pak 40), lo stato maggiore del battaglione aveva plotoni di segnalazione, genieri e manutenzione. La compagnia di autoblindo aveva tre plotoni con 4 autoblindo da 39 M. Csaba ciascuno, un'autoblindo da 40 M. Csaba per il comando/segnalazione che serviva allo staff della compagnia e al quartier generale del battaglione. La 1a Divisione di Cavalleria comprendeva il 3° Battaglione di Ricognizione; la sua guarnigione in tempo di pace era a Szilágysomlyó. Il battaglione aveva due compagnie di autoblindo con 26 autoblindo Csaba da 39 M. e una compagnia anticarro (4 cannoni anticarro da 40 mm. o da 75 mm. 43 M./Pak 40); lo staff del battaglione aveva plotoni di segnalazione, genieri e manutenzione. Le compagnie di autoblindo avevano tre plotoni con 4 autoblindo da 39 M. Csaba ciascuno, un'autoblindo da 40 M. Csaba per il comando/segnalazione che serviva allo staff della compagnia e al quartier generale del battaglione.
Nel 1944, anche la Polizia di Stato e la gendarmeria ricevettero alcune autoblindo 39 M. Csaba; i veicoli della polizia erano dipinti di blu scuro.

Operazioni

Le unità di autoblindo parteciparono a tutte le principali operazioni militari ungheresi durante la guerra, le compagnie di autoblindo erano equipaggiate esclusivamente con le autoblindo Csaba 39 M. e 40 M. di progettazione e produzione ungherese.
Nel 1940, in Transilvania, i battaglioni di cavalleria corazzata e di ricognizione avevano ricevuto le loro autoblindo 39 M. Csaba appena usciti dalla fabbrica, alcuni dei quali erano arrivati nelle aree di montaggio solo all'ultimo minuto. I veicoli freschi di fabbrica erano incompleti e presentavano numerosi guasti meccanici. La breve campagna jugoslava fu il battesimo del fuoco delle autoblindo Csaba, che vennero impiegate nei classici ruoli di autoblindo per ricognizione, collegamento e scorta. La 2ª Brigata di Cavalleria inviò 39 autoblindo M. Csaba sotto il 1° Tenente László Béldy il 13 aprile, per esplorare il caposaldo di Szenttamás (Srbobran). Era il comandante della compagnia di autoblindo del 2° Battaglione di Cavalleria Corazzata; guidava la sua compagnia verso Szenttamás quando notò che la formazione di combattimento della sua compagnia di autoblindo divenne goffa. Fermò la compagnia e ordinò alle truppe di mantenere la formazione corretta. Dopo questa breve sosta, la compagnia di autoblindo proseguì con il 1st Tenente Béldi che guidava l'autoblindo Csaba. Un cannone anticarro serbo da 37 mm, ben mimetizzato, aprì il fuoco sui 39 M. Csaba che avanzavano: il Pc.109 fu colpito cinque volte, il Pc.118 tre volte. Il 1° tenente Béldi e i suoi cinque uomini furono uccisi, solo due sopravvissero. Postumo fu decorato con la Croce di Cavaliere Ungherese con spade.
Durante la campagna Barbarossa, le autoblindo Csaba prestarono servizio con distinzione. Uno dei più grandi successi delle autoblindo Csaba è legato alla battaglia intorno a Uman, alla fine di luglio e all'inizio di agosto del 1941, dove il Corpo mobile ungherese svolse un ruolo fondamentale per impedire la fuga delle truppe sovietiche dall'accerchiamento. La 1ª Brigata di cavalleria prese parte alle operazioni di successo contro la sacca di Uman. Il 6 agosto, il comandante della brigata, il maggior generale Antal Vattay, ordinò al battaglione di cavalleria corazzata di effettuare una ricognizione dell'area intorno a Golovanevsk, dove si trovavano le unità dell'Armata Rossa accerchiate. La forza di ricognizione era composta da un plotone di biciclette e da un plotone di autoblindo con tre autoblindo 39 M. Csaba ed era guidata dal guardiamarina László Merész. Il guardiamarina guidò due Csaba sulla strada per Moldovka, tenendo il terzo in riserva con il plotone di biciclette. Le due autoblindo 39 M. Csaba che avanzavano sorpresero due squadroni di cavalleria cosacca sulla strada; le autoblindo 39 M. Csaba aprirono il fuoco a bruciapelo e annientarono le truppe di cavalleria sovietiche. Più tardi, le truppe motorizzate sovietiche, composte da 20 camion e circa 200 fucilieri, si avvicinarono ai campi di sterminio sulla strada, cercando di sfondare l'accerchiamento. Le Csaba aprirono nuovamente il fuoco con i loro fucili anticarro e le loro mitragliatri-

▲ Carri armati leggeri 38M. Toldi e autoblindo 39 M. Csaba del 1° Battaglione di ricognizione con mimetica a tre toni e insegna dell'unità a forma di saetta bianca durante un'esercitazione estiva nel 1941. (Deák Tamás)

▼ Compagnia di autoblindo del 2° battaglione di cavalleria corazzata durante l'operazione in Jugoslavia, aprile 1941. Le autoblindo 39 M. Csaba erano guidate da un'auto comando Mercedes G5. (Deák Tamás)

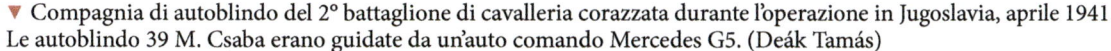

ci. Durante il contatto, i blindati esaurirono le loro munizioni, sparando 12.000 proiettili di mitragliatrice e 720 proiettili da 20 mm. I blindati ungheresi riuscirono a fermare le truppe sovietiche della 6ª Armata e a chiudere il varco nell'accerchiamento. Per le sue azioni durante questa operazione, il guardiamarina Merész è stato decorato con la Grande Medaglia d'Oro al Valor Militare.

Il 1° Battaglione di ricognizione era guidato dal tenente colonnello István Vaska; la sua unità apparteneva alla 1ª Divisione corazzata da campo. Il 1° Battaglione di ricognizione partecipò alle battaglie estive per la testa di ponte sul fiume Don nel 1942. A quel tempo il terreno e la decisa resistenza nemica non favorivano l'impiego delle autoblindo. Le loro armi erano troppo leggere e la loro protezione corazzata troppo debole anche contro i fucili anticarro sovietici. Le perdite tecniche della 1ª Divisione corazzata da campo furono dieci 39 autoblindo M. Csaba durante la campagna 1942-1943.

Il 2° corazzato era totalmente equipaggiato con veicoli corazzati di produzione ungherese, tra cui 14 autoblindo da 39 M. e 40 M. Csaba appartenenti al 2° battaglione di ricognizione. Il 13 aprile, il 2° battaglione di ricognizione occupò il passaggio di Lukwa e Rosulna e si scontrò con le retroguardie sovietiche a ovest di Nadworna. Gli ungheresi persero un morto e tre feriti e furono distrutti due autoblindo 39 M. Csaba, un camion 38 M. Botond e un'auto.

Il 3° Battaglione di Ricognizione apparteneva alla 1ª Divisione di Cavalleria, secondo alcune fonti il battaglione era schierato con una sola compagnia di autoblindo equipaggiata con 13 autoblindo Csaba. Dopo il ridispiegamento della Divisione di Cavalleria, il 3° Battaglione di Ricognizione aveva solo sei autoblindo delle 23 originarie.

Il 1° Battaglione di ricognizione combatté con la 1ª Divisione corazzata in territorio ungherese durante il 1944-1945. A quell'epoca il battaglione aveva compagnie di blindati, motociclisti e fucilieri motorizzati. Il battaglione era privo della compagnia autoblindo e dei plotoni di fuoco e di supporto al combattimento. Aveva una compagnia corazzata composita in cui erano assemblati le autoblindo 39M. Csaba e i carri armati leggeri 38M. Toldi della Divisione.

Durante l'assedio di Budapest nel 1944-1945, anche la Polizia ungherese e le unità di gendarmeria avevano sottounità corazzate con antiquati carri armati FIAT-Ansaldo da 35 M. e autoblindo da 39 M. Csaba, accerchiate a Budapest. Il Battaglione della Gendarmeria di Galánta aveva alcune autoblindo da 39 M. Csaba. Anche le forze di polizia furono coinvolte nella difesa della città. Il battaglione d'assalto della polizia lanciò un contrattacco contro le truppe russe in avanzata a Vecsés, Andrássy-telep, il 1° novembre 1944. La polizia era supportata da cinque autoblindo 39 M. Csaba. I sovietici misero facilmente fuori uso tre autoblindo 39 M. Csaba durante la battaglia.

Le restanti autoblindo Csaba andarono perse durante i combattimenti in Ungheria tra il 1944 e il 1945. I veicoli rimasti fuori uso o abbandonati furono raccolti come rottami metallici per essere riciclati. Non sono disponibili informazioni sulle autoblindo Csaba esistenti, anche se una di esse è stata presentata a Moskva in occasione della mostra dei trofei di guerra subito dopo la guerra.

▲ Autoblindo 39 M. Csaba del 1° Battaglione di Cavalleria Corazzata che attraversa un torrente sui Carpazi. (Deák Tamás)

AUTOBLINDO 39 M. CSABA - UNGHERIA 1944

▲ L'autoblindo 39 M Csaba ha la mimetica standard verde oliva con insegne militari in stile tardo, probabilmente apparteneva alla compagnia di autoblindo di uno dei battaglioni di ricognizione.

▲ Autoblindo 39 M. Csaba con mimetica verde oliva scuro e insegne militari quadrate bianche e crociate, in sosta nel cortile del Deposito Automobili nel 1943. (Deák Tamás)

▼ Autoblindo 39 M. Csaba in posizione di osservazione statica con squadra di mitraglieri leggera armata di una mitragliatrice leggera da 8 mm 31 M. e di fucili 35 M. (Compagnia dei Corrispondenti di Guerra)

▲ Profilo anteriore e posteriore dell'autoblindo 39/30M. Csaba

▲ Profilo fronte e retro dell'autoblindo 39/30M. Csaba

▲ Autoblindo 39 M. Csaba mimetizzato giallo sabbia appartenente al 2° Battaglione di ricognizione, aprile 1944 Nadworna, Galizia. (Deák Tamás) ▼ Autoblindo 39 M. Csaba bruciato, P.125 appartenente al 1° Battaglione di Ricognizione, abbattuto a Rogozna nel luglio 1941. (Szollár János).

Sotto: Il 17 aprile 1944 i soldati del 2° Battaglione di ricognizione osservano la preparazione dell'artiglieria prima dell'attacco a Nadworna, in Galizia. Le autoblindo avevano numeri tattici a tre cifre che iniziavano con 13, probabilmente appartenevano al 3° plotone autoblindo/compagnia autoblindo. Le autoblindo erano dipinte con una mimetica a tre toni. (ECPA)

BIBLIOGRAFIA

- Dr Tamás Baczoni – Dr László Tóth: Hungarian Army Uniforms 1939 – 1945, HUNIFORM 2010
- Csaba Becze: Magyar steel, Mashroom Publication, 2006
- Dénes Bernád, Charles K. Kliment: Magyar Warriors, The history of the Royal Hungarian Armed Forces 1919-1945, volume 1-2, Helion Publication, 2015, 2017
- Bíró Ádám – Éder Miklós – Sárhidai Gyula: A magyar királyi honvédség hazai gyártású páncélos harcjárművei 1920- 1945, Petit Real, 2012
- Bíró Ádám: A 40/43M. Zrínyi rohamtarack kifejlesztése és használata, 1-3. rész, Haditechnika 1996/1, 2 and 4
- Bíró Ádám: The AC-II, 39 M. Csaba páncélgépkocsik, Haditechnika 1992/3
- Bonhardt Attila: Zrínyi II rohamtarack, Pekó Kiadó 2015
- Bonhardt Attila – Sárhidai Gyula – Winkler Róbert: A magyar királyi honvédség fegyverzete 1919-45 part 1, Zrínyi, 1992
- Patrick Cloutier: Three Kings: Axis Royal Armies on the Russian Front 1941, 2014
- Éder Miklós: Magyar páncélos járművek alakulat jelzései, 1.-2. rész, Militaria Modell 1991 / 1-2
- Éder Miklós: 39 M. Csaba páncélgépkocsi, Militaria Modell 1992/1
- Éder Miklós: Magyar páncélosok hadi jelzése, 1917-1945, Militaria Modell 1992/6
- Hajdú Ferenc – Sárhidai Gyula: A magyar királyi honvéd Haditechnikai Intézettől a HM Technológiai Hivatalig, HM Technológiai Hivatal 2005
- Kovácsházi Miklós: A Zrínyi jármű család történte 1-2, Haditechnika 2013/6, 2014/1
- Charles Kliment- Vladimir Francev: Czechoslovakian AFVs 1918-1948, Schiffer, 1997
- Eduardo Gil Martinez: Fuerzas Acorazadas Húngaras 1939-43, Almena 2017
- Péter Mujzer: Huns on Wheels, Hungarian Mobile Forces in WWII, Armoured, Cavalry, Bicycle Troops, Motorised Rifle, Mujzer and Partners Ltd., 2015
- Péter Mujzer: Hungarian Armoured Forces in WWII, KAGERO Books, PHOTOSNIPER 26., 2017
- Péter Mujzer: Operational History of the Hungarian Armoured Troops in WW2, KAGERO, Photosniper 28., Lublin 2018.
- Péter Mujzer: Hungarian Soldier versus Soviet Soldier, Eastern Front 1941, Osprey Publishing, Oxford 2021.
- Péter Mujzer: Hungarian Arms and Armours of World War Two, KEY Publishing, Stamford 2021.
- Péter Mujzer: Barbarossa Campaign in 1941 Hungarian perspective, KAGERO, Lublin 2021.
- Leo Niehorster: The Royal Hungarian Army 1920-45, Bayside Books, 1998
- Nigel Thomas- László Pál Szabó: The Royal Hungarian Army in World War II, Ospery, 2008
- András Palásthy: Bapteme du feu mortel en Ukraine, Batailles&Blindes n.42
- Anthony Tucker-Jones: Armoured warfare and Hitler's allies 1941-1945, Pen&Sword, 2013

TITOLI GIÀ PUBBLICATI

TUTTI I LIBRI DELLA COLLANA SONO STAMPATI IN ITALIANO E IN INGLESE

VISITATE IL NOSTRO SITO WEB PER ULTERIORI INFORMAZIONI SU
THE WEAPONS ENCYCLOPAEDIA:
https://soldiershop.com/collane/libri/the-weapons-encyclopaedia/

TWE-022 IT

www.ingramcontent.com/pod-product-compliance
Lightning Source LLC
LaVergne TN
LVHW072120060526
838201LV00068B/4932